KB181328

호텔리어를 위한 생생 일본어

송은미, 배은주 공저

다락원

호텔리어를 위한 생생 일본어

지은이 송은미, 배은주
펴낸이 정규도
펴낸곳 (주)다락원

초판 1쇄 인쇄 2022년 7월 27일
초판 1쇄 발행 2022년 8월 9일

편집총괄 송화록
책임편집 정은영, 이지현
디자인 장미연, 김희정
일러스터 김희선

다락원 경기도 파주시 문발로 211
내용문의: (02)736-2031 내선 460~465
구입문의: (02)736-2031 내선 250~252
Fax: (02)732-2037
출판등록 1977년 9월 16일 제406-2008-000007호

값 15,000원

ISBN 978-89-277-1266-4 13730

Photo Credits Shalom Rufeisen (p.131)

http://www.darakwon.co.kr

- 다락원 홈페이지를 방문하시면 상세한 출판 정보와 함께 동영상강좌, MP3 자료
  등 다양한 어학 정보를 얻으실 수 있습니다.
- 다락원 홈페이지 또는 표지의 QR코드를 스캔하시면 MP3 파일 및 관련자료를
  다운로드 하실 수 있습니다.

머리말

호텔이라는 곳은 최고의 서비스를 자랑하는 곳인 만큼 호텔리어들은 평소에 접하기 어려운 매우 정중하고 예의 바른 언어로 고객을 대합니다. 한국어에도 존댓말이 있기 때문에 최대한 예의를 갖춘 정중한 표현이 모국어라도 쉽지 않다는 것은 여러분도 잘 아실 것입니다. 하물며 일본어의 경어가 한국 사람에게 얼마나 어려운 문제일지는 말할 것도 없겠지요.

당장 일본인 고객을 상대해야 하는 호텔리어라면 문법은 제쳐 두고 일단 문장을 통째로 외워서 사용하는 방법밖에는 없을 것입니다. 하지만 문법을 모르는 채 통째로 암기한 문장은 자칫 상황에 어울리지 않는 표현이 될 수 있으며 실수로 일부를 다르게 말한다면 더 없는 실례가 될 수도 있습니다.

이런 어려운 문제를 극복하기 위해 호텔 서비스 전문가와 일본어 전문가가 만나 고심했습니다. 어떻게 하면 호텔리어들이 문장을 통째로 외우지 않고도 일본어 경어를 구사할 수 있을까? 어떻게 하면 응용이 가능한 많은 표현을 익힐 수 있을까? 일본어뿐만 아니라 호텔과 호텔 서비스에 관한 기본적인 정보를 함께 알려 줄 수 있을까?

교재 한 권에 호텔에서 발생하는 모든 상황을 제시할 수는 없기에, 다양하게 응용 가능한 표현 유형과 가장 빈번하게 마주하는 상황을 엄선하여 꼭 알아 두어야 할 상황별 표현들을 제시하였습니다.

이 교재의 자세한 문법 설명을 통해 경어는 물론 문법 기초를 익혀 근본적인 일본어 능력을 향상시킬 수 있기를 바라며, 배운 표현들을 응용하여 다양한 상황에 대처할 수 있는 호텔리어가 되시길 바랍니다.

저자 일동

이 책의 구성과 활용법

◎ 기본회화

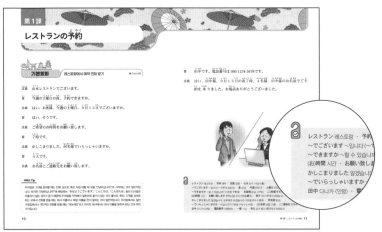

◎ 단어

해당 페이지에 등장하는 새로 나온 단어를 우선으로 하여 중요한 단어, 는 중요한 문형을 간단히 설명해 두었습니다.

호텔에서 가장 많이 마주하게 되는 상황을 장면별로 나누어 회화문을 제시하였습니다. 호텔이라는 특수한 상황에서 고객을 상대로 어떻게 표현하는지, 어떤 절차와 서비스가 있는지 회화문을 통해 알아봅시다.

◎ 문법&문형

회화문에 등장하는 중요한 문법과 문형을 정리하였습니다. 그동안 문법적인 이해 없이 암기해서 사용하고 있었다면 이제는 자세한 문법 설명을 통해 충분히 이해하고 자연스럽게 구사할 수 있도록 연습해 봅시다.

◎ 응용회화1&2

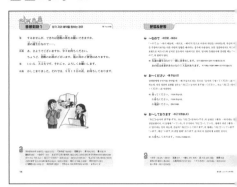

기본회화에서 조금 응용된 회화문을 통해 더욱 다양한 상황에서의 표현을 공부할 수 있습니다. 호텔에서 발생하는 여러 가지 상황에 대비할 있도록 충분히 준비해 둡시다.

◎ 연습문제

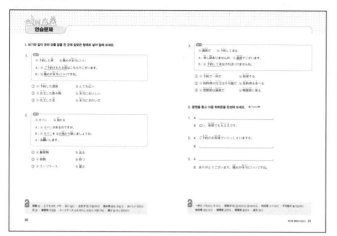

배운 문형을 토대로 새로운 단어를 넣어 구사할 수 있는지, 동사나 형용사를 올바른 형태로 접속할 수 있는지 연습할 수 있도록 문제를 마련해 두었습니다. 마지막에 있는 듣고 빈칸을 채우는 문제를 통해서 얼마나 정확하게 들을 수 있는지도 확인해 봅시다.

◎ 표현UP

회화문에서 다루지 않은 보다 많은 표현을 장면별로 정리해 두었습니다. 실제 상황에서는 같은 의미라도 다양한 방법으로 표현할 수 있기 때문에 여러 가지 표현 방법을 알아 두는 것이 좋습니다.

◎ 쉬어가기

한 과의 학습을 마치고 가볍게 읽어 볼 수 있도록, 호텔, 또는 호텔 서비스와 관련 있는 재미있는 정보를 소개했습니다.

◎ 부록

목차

Part 1
식음료부
(Food&Beverages)

식음료부의 기능

- 식음료부는 각 레스토랑과 바, 룸서비스, 베이커리(델리)와 이벤트 서비스로 구성되어 있습니다.
- 레스토랑 서비스의 주요 업무로는 레스토랑 예약 업무, 고객 영접 및 테이블 안내, 메뉴 제시 및 주문 접수, 식음료 서빙, 그리고 음식에 따른 테이블 세팅과 관련 기물 등을 관리합니다.
- 룸서비스의 주요 업무로는 객실로 음식 배달을 하거나, 객실로 올라가는 메시지 전달, VIP 고객이 체크인 하기 전 환영 카드나 과일 셋업 등을 준비합니다.
- 이벤트 서비스 팀은 호텔에 따라 식음료부나 세일즈 부서에 속합니다. 이벤트 서비스 팀은 예약이 들어올 경우, 이벤트 오더에 맞추어 테이블 세팅과 함께 행사 준비를 합니다.

レストランの予約

기본회화　레스토랑에서 예약 전화 받기　⦿Track 01

店員　山水レストランでございます。

客　　今週の土曜日の夜、予約できますか。

店員　はい、お客様、今週の土曜日、９月１３日でございますか。

客　　はい、そうです。

店員　ご希望のお時間をお願い致します。

客　　７時です。

店員　かしこまりました。何名様でいらっしゃいますか。

客　　４人です。

店員　お名前とご連絡先をお願い致します。

서비스 Tip

우리말로 고객을 응대할 때는 전화 상으로, 혹은 직접 대할 때 보통 '안녕하십니까?'로 시작하는 것이 일반적입니다. 하지만 '안녕하십니까?'에 해당하는 「おはようございます」「こんにちは」「こんばんは」 등의 인사말은 어울리지 않는 경우가 많기 때문에 우리말을 직역해서 일본어로 옮기지 않는 것이 좋아요. 특히, 고객을 상대로 하는 곳에서 전화를 받을 때는 회사 이름이나 매장 이름을 먼저 말하는 것이 일반적입니다. 우리말에서도 일반 가정집에서나 개인적인 전화를 받을 때는 '여보세요'라고 하지만 회사에서는 회사 이름을 말하며 받는 것과 마찬가지입니다.

客　　田中です。電話番号は090-1234-5678です。

店員　はい、田中様。９月１３日の夜７時、４名様、田中様のお名前でご予
約を承りました。お電話ありがとうございました。

レストラン 레스토랑 ・ 予約 예약 ・ 店員 점원 ・ 山水 산수〈식당 이름〉
～でございます ～입니다 (～です의 공손어) ・ 客 손님 ・ 今週 이번 주 ・ 土曜日 토요일 ・ 夜 저녁, 밤
～できますか ～할 수 있습니까? (기본형 できる) ・ お客様 손님, 고객님 ・ (ご)希望(する) 희망(하다)
(お)時間 시간 ・ お願い致します 부탁드립니다 (기본형 願う) ・ 致す 하다 (する의 겸양동사)
かしこまりました 알겠습니다, 분부대로 하겠습니다 (기본형 かしこまる) ・ 何名様 몇 분
～でいらっしゃいますか ～이십니까? (기본형 いらっしゃる) ・ (お)名前 성함, 이름 ・ (ご)連絡先 연락처
田中 다나카〈인명〉・ 電話番号 전화번호 ・ ～様 ～님 ・ 承る 삼가 받다 (受ける의 겸양동사)

🌐 ～でございます　~입니다

「명사＋でございます」는「명사＋です」보다 공손한 표현이다.

⒅ 〇〇レストランでございます。　〇〇 레스토랑입니다.

　お一人<ruby>一人<rt>ひとり</rt></ruby>５千円<ruby>千円<rt>せんえん</rt></ruby>でございます。　한 사람에 5천 엔입니다.

🌐 ～できる　~할 수 있다

동사「できる」는 '가능하다, 할 수 있다'라는 뜻인데, 한자어에 붙어 '~할 수 있다'라는 뜻으로 쓰인다.

⒅ 予約<ruby>予約<rt>よ やく</rt></ruby>する → 予約<ruby>予約<rt>よ やく</rt></ruby>できます。　예약할 수 있습니다.

　連絡<ruby>連絡<rt>れんらく</rt></ruby>する → 連絡<ruby>連絡<rt>れんらく</rt></ruby>できますか。　연락할 수 있습니까?

🌐 접두어「お」와「ご」

「お」와「ご」는 명사, 형용사, 부사 등에 붙어 존경의 뜻을 나타내는 접두어인데, 주로 고유어에는「お」를, 한자어에는「ご」를 붙여 사용하지만, 예외도 있으므로 많이 쓰는 단어들은 외워 두는 것이 좋다. 또 이 접두어는 존경의 뜻 외에 단지 단어를 부드럽게, 품격 있게 하는 미화어로써도 사용된다.

お＋고유어	お名前, お国, お水, お仕事, お住まい 등
ご＋한자어	ご希望, ご用件, ご予約, ご用, ご連絡先 등
예외	お返事・ご返事, お食事, お勉強, お洋服, ごゆっくり 등

🌐 お～致します　~하겠습니다

「致<ruby>致<rt>いた</rt></ruby>す」는「する」의 겸양동사이며,「お[ご]＋동사의 ます형[한자어]＋致<ruby>致<rt>いた</rt></ruby>す」의 형태로 쓴다.「お～致<ruby>致<rt>いた</rt></ruby>す」는「お～する」보다 더 공손한 표현으로 주로 고객을 상대로 쓰는 표현이다.

⒅ お願<ruby>願<rt>ねが</rt></ruby>いします。 ＜ お願<ruby>願<rt>ねが</rt></ruby>い致<ruby>致<rt>いた</rt></ruby>します。　부탁드립니다.

　お話<ruby>話<rt>はな</rt></ruby>しします。 ＜ お話<ruby>話<rt>はな</rt></ruby>し致<ruby>致<rt>いた</rt></ruby>します。　말씀드리겠습니다.

～でいらっしゃいますか ~이십니까?

「명사 + でいらっしゃいますか」는 「명사 + ですか」보다 상대방을 높인 존경표현으로, 주로 고객의 이름이나 인원수를 물을 때 사용한다.

예 何名様でいらっしゃいますか。 몇 분이십니까?
鈴木様でいらっしゃいますか。 스즈키 님이십니까?

겸양동사 「かしこまる」와 「 承 る」 p.189 경어 참조

경어의 한 종류인 겸양표현에는 단어 자체가 겸양의 뜻을 가지고 있는 겸양동사가 있는데 본문에 나온 「かしこまる」와 「 承 る」가 바로 겸양동사이다. 「かしこまる」는 「分かる(알다)」의 겸양동사이고, 「 承 る」는 「受ける(받다)」의 겸양동사이다.

예 かしこまりました。それでは、9月13日の夜、お待ちしております。
알겠습니다. 그럼 9월 13일 저녁, 기다리고 있겠습니다.

山田様のお名前でご予約を 承 りました。
야마다 님 성함으로 예약 받았습니다.

一人 한 사람, 한 명 ・ ～円 ~엔 ・ 予約(する) 예약(하다) ・ 連絡(する) 연락(하다) ・ (お)国 나라, 국가
(お)水 물 ・ (お)仕事 일, 업무, 직업 ・ (お)住まい 주소, 사는 곳 ・ (ご)用件 용건 ・ (ご)用 볼일, 용무
(お[ご])返事 답변, 답장 ・ (お)食事 식사 ・ (お)勉強 공부 ・ (お)洋服 옷, 의복 ・ ごゆっくり 천천히 (~하세요)
お願いする 부탁하다 ・ 話す 말하다, 이야기하다 ・ 鈴木 스즈키 〈인명〉 ・ 分かる 알다, 이해하다
受ける 받다 ・ それでは 그러면 ・ 待つ 기다리다
お[ご]～しております ~(하)고 있습니다, ~(하)고 있겠습니다 (おります는 います의 겸양 형태) ・ 山田 야마다 〈인명〉

客　すみませんが、できれば窓際の席をお願いできますか。

妻の誕生日なので……。

店員　あ、さようでございますか。少々お待ちください。

ちょうど、窓際のお席がございます。他に何かご要望はありますか。

客　いいえ、大丈夫です。それじゃ、よろしくお願いします。

店員　かしこまりました。それでは、９月１３日の夜、お待ちしております。

すみませんが 실례지만, 죄송합니다만 ・ できれば 가능하면 ・ 窓際 창가 ・ 席 좌석, 자리 ・ 妻 아내, 처
誕生日 생일 ・ 〜なので 〜라서 ・ さようでございますか 그렇습니까?, 그러십니까? (そうですか의 아주 정중한 표현)
少々 잠시, 잠깐, 조금 ・ お[ご]〜ください 〜해 주십시오, 〜해 주시기 바랍니다 ・ ちょうど 마침, 때마침, 알맞게
ございます 있습니다 (あります의 공손어. 기본형 ござる) ・ 他に 그 외에, 그 밖에 ・ 何か 무언가, 뭔가
(ご)要望 요망, 바라는 것 ・ 大丈夫だ 괜찮다 ・ それじゃ 그럼 (それでは의 축약형) ・ よろしく 잘

문법&문형

💿 ～なので ~이므로, ~이라서

「～ので」는 '~하기 때문에, ~하므로, ~해서'의 뜻으로 이유와 원인을 나타내는데, 자신의 의견을 주장하기보다는 다른 사람의 상황을 배려하는 경우에 사용된다. 또한 정중하면서도 부드러운 표현으로 비즈니스와 공적인 장소에서 사용하기도 한다. 명사와 な형용사에 접속할 때는 「～なので」의 형태가 된다.

예 友達の誕生日なので一緒に食事をします。 친구 생일이라서 같이 식사를 할 겁니다.
  あの店は夜景がきれいなので人気があります。 저 가게는 야경이 예뻐서 인기가 있습니다.

💿 お～ください ~해 주십시오

상대방에게 무언가를 부탁할 때 '~해 주십시오'라는 뜻으로 「동사의 て형＋てください」를 사용하는데, 더욱 정중히 표현할 경우는 「お[ご]＋동사의 ます형＋ください」, 또는 「お[ご]＋한자어＋ください」를 사용한다.

예 待ってください。 기다려 주십시오.
  お待ちください。 기다려 주십시오.
  お電話ください。 전화 주세요.

💿 お～しております ~하고 있겠습니다

「お[ご]＋동사의 ます형＋する」 또는 「お[ご]＋한자어＋する」의 문형은 '(제가) ~하다'라는 뜻의 겸양표현이다. 이 문형에 「～ている」가 추가되어 「お[ご]～している」 형태가 되면 '(제가) ~하고 있다'라는 뜻이 되는데, 본문의 「お[ご]～しております」의 형태는 「お[ご]～しています」의 「います」 대신 「います」의 겸양 형태 「おります」를 써서 더 정중하게 표현한 것이다.

예 お待ちしております。 기다리고 있겠습니다.

～ので ~하니까, ~하므로 ・ 友達 친구 ・ 一緒に 같이, 함께 ・ 店 가게, 상점, 매장 ・ 夜景 야경
きれいだ 예쁘다, 깨끗하다 ・ 人気がある 인기가 있다 ・ ～てください ~해 주세요, ~해 주십시오
お～する ~하다 〈겸양표현〉

客　先ほど電話した田中です。

　　　９月１３日、午後７時に予約したのですが、少し早く着きそうです。

　　　午後６時から６時３０分の間になりそうなんですが……。

店員　それでは、６時３０分に予約時間を変更なさいますか。

客　はい、お願いします。

店員　かしこまりました。９月１３日午後６時３０分、ご予約の時間を３０

　　　分早めるということでよろしいでしょうか。他に何かございました

　　　ら、ご連絡ください。

7時 → 6時30分

先ほど 조금 전 ・ 午後 오후 ・ 少し 조금 ・ 早く 일찍, 이르게 ・ 着く 도착하다 ・ ～そうだ ～것 같다
～から ～에서, ～부터 ・ ～の間 ～의 사이 ・ ～になる ～이 되다 ・ ～なんですが ～(습)니다만, ～입니다만
予約時間 예약 시간 ・ 変更(する) 변경(하다) ・ なさる 하시다 (する의 존경동사)
早める 예정보다 이르게 하다, 앞당기다 ・ ～ということでよろしいでしょうか ～하면 될까요? ・ ～たら ～하면

문법&문형

🔊 ～そうです　~것 같습니다

「～そうだ」는 '~것 같다'의 뜻으로 화자가 눈에 보이는 외관적인 모양과 인상을 근거로 추측, 판단, 예감할 때 쓰이며, な형용사와 동일한 활용을 한다. 동사에 접속할 때는 ます형에 접속한다. 명사에는 사용하지 않기 때문에 명사에 추측의 의미를 나타내고자 할 경우에는 「명사 + の + ようだ」를 사용해야 한다.

🔹 少し早く着きそうです。 조금 일찍 도착할 것 같습니다.

到着は夕方の７時になりそうです。 도착은 저녁 7시가 될 것 같습니다.

🔊 ～ということでよろしいでしょうか　~하면 될까요?, ~라는 말씀이시죠?

「～ということで」는 앞에 서술한 내용을 받아 '~라는 것으로', '~라는 내용으로'라는 표현이 된다. 앞에 말한 내용이 맞는지, 이대로 하면 되겠는지 정중하게 물어볼 때 사용하는 표현이다. 「よろしい」는 「いい(좋다)」의 공손한 말이다. 주로 「동사의 て형 + て(も) + よろしいでしょうか」의 형태로 '~해도 괜찮으시겠습니까?'의 뜻으로 쓰며, 명사에 접속할 때는 「명사 + で(も)よろしいでしょうか」의 형태로 '~라도 괜찮으시겠습니까?'의 뜻으로 쓴다.

🔹 予約時間を変更するということでよろしいでしょうか。
예약 시간을 변경하면 될까요? (=예약 시간을 변경하신다는 말씀이시죠?)

予約時間を変更してもよろしいでしょうか。 예약 시간을 변경해도 괜찮으시겠습니까?

🔊 ～たら　~(하)면

「～たら」는 동사의 た형, 또는 과거형의 문장 끝에 연결하여 '~하면, ~했으면'의 뜻을 나타내는데, 「～たら」 앞에는 주로 어떤 일이 일어나기 위한 조건이 주어지고 그 결과가 뒤에 오게 된다. 형태는 과거형처럼 보이지만 의미는 과거가 아닌 경우에도 쓸 수 있다.

🔹 他に何かございましたら、ご連絡ください。 그 밖에 필요하신 것이 있으면 연락 주십시오.

メニューがお決まりになりましたら、お呼びください。 메뉴가 정해지시면 불러 주십시오.

到着したら電話ください。 도착하면 전화 주세요.

 到着(する) 도착(하다) ・ 夕方 저녁때 ・ 決まる 정해지다, 결정되다 ・ お～になる ~하시다 ・ 呼ぶ 부르다

I. 보기와 같이 ⓐ와 ⓑ를 밑줄 친 곳에 알맞은 형태로 넣어 말해 보세요.

1.
> 보기
>
> ⓐ ご希望の時間　　ⓑ 7時半
>
> A : ⓐ <u>ご希望の時間</u>をお伝えください。
>
> B : ⓑ <u>7時半</u>です。

① ⓐ ご予約の日　　　　　　　ⓑ 9月13日

② ⓐ ご必要なもの　　　　　　ⓑ タオル

③ ⓐ お名前　　　　　　　　　ⓑ 田中

2.
> 보기
>
> ⓐ 3時の予約を2時に変更する　　ⓑ 予約の時間を1時間早める
>
> A : ⓐ <u>3時の予約を2時に変更して</u>もいいですか。
>
> B : ⓑ <u>ご予約の時間を1時間早める</u>ということでよろしいでしょうか。

① ⓐ 6時の予約を5時半に変更する　　ⓑ 予約の時間を30分早める

② ⓐ 5時の出発を4時に変える　　　　ⓑ 出発の時間を1時間早める

③ ⓐ 3時の訪問を3時30分に変更する　ⓑ 訪問の時間を30分遅らせる

～半 ～반 ・ 伝える 전하다, 전달하다 ・ 日 날, 일 ・ 必要だ 필요하다 ・ もの 것, 물건 ・ タオル 타월, 수건
出発(する) 출발(하다) ・ 変える 바꾸다 ・ 訪問 방문 ・ 遅らせる 늦추다

3.
보기

ⓐ 着く　　ⓑ 午後6時から6時30分の間

A：早くⓐ着きそうなんですが。

B：いつ頃になりそうですか。

A：ⓑ午後6時から6時30分の間になりそうです。

① ⓐ 始まる　　　　　ⓑ 30分後

② ⓐ 終わる　　　　　ⓑ 昼ごろ

③ ⓐ 送れる　　　　　ⓑ 5時前

II. 음원을 듣고 다음 회화문을 완성해 보세요. ◉ Track 04

1. A ＿＿＿＿＿＿＿＿＿＿＿＿＿＿＿＿＿＿＿＿＿。

　 B 中村です。

2. A 何名様でいらっしゃいますか。(3人)

　 B ＿＿＿＿＿＿＿＿＿＿＿＿＿＿＿＿＿＿＿。

3. A ＿＿＿＿＿＿＿＿＿＿＿＿＿＿＿＿＿＿＿。

　 B 午後12時30分です。

いつ頃 언제쯤　・　〜頃 〜쯤, 〜무렵　・　始まる 시작되다　・　〜後 〜후　・　終わる 끝나다
昼ごろ 정오쯤, 정오 무렵　・　送れる 보낼 수 있다(送る의 가능형)　・　〜前 〜전　・　中村 나카무라〈인명〉

표현 UP! | 전화 예약 접수에 쓰이는 다양한 표현

성함의 철자가 어떻게 되십니까?	お名前のスペルを教えていただきたいのですが。
창가 자리는 예약이 이미 끝났습니다.	窓際のお席はもう満席でございます。
몇 시로 예약하시겠습니까?	何時にご予約をなさいますか。
10%의 세금이 추가됩니다.	１０パーセントの税金が加算されます。
점심은 오후 12시부터 3시까지, 저녁은 오후 6시부터 10시까지 영업합니다.	昼食は午後１２時から３時まで、夕食は午後６時から１０時までの営業となります。
알려 주셔서 감사합니다.	お知らせいただき、ありがとうございます。
제가 일본어를 못해서, 일본어 하시는 분을 연결해 드리겠습니다.	私は日本語ができませんので、日本語ができる者におつなぎ致します。
매니저님이 자리에 안 계십니다.	マネージャーは席を外しております。
조금 뒤에 다시 걸어 주시겠습니까?	しばらくしてからお掛け直しいただけますか。
(전화상으로 잘 안 들릴 경우) 조금 큰 소리로 말씀해 주시겠습니까?	もう少し大きい声でお願いできますでしょうか。
(전화상으로 잘 안 들릴 경우) 죄송합니다만, 다시 한번 성함을 부탁드려도 될까요?	恐れ入りますが、もう一度お名前をお願いできますでしょうか。
(예약이 완료된 경우) 다른 레스토랑으로 예약해 드릴까요?	他のレストランにご予約致しましょうか。

'7성급 호텔'이 세상에 존재할까요?

미디어를 접하다 보면, '최고의 7성급 호텔'이라는 광고 문구를 볼 수 있는데, 과연 7성급 호텔이 존재할까요? 정답은 '아니오'입니다.

마케팅 수단으로 최고의 시설과 서비스를 알리기 위해 7성급 호텔이라고 광고를 하지만, 국제적으로 통용되는 등급은 1~5등급까지이며, 최고 등급은 5등급입니다.

국내는 2022년 6월 기준으로, 5성급 호텔이 64개, 4성급 호텔이 103개가 있으며, 3성급은 141개, 2성급은 221개, 그리고 1성급은 93개가 있습니다.

자세한 정보는 www.hotelrating.or.kr 에서 확인할 수 있습니다.

第2課

<ruby>顧客<rt>こきゃく</rt></ruby>の<ruby>出迎<rt>でむか</rt></ruby>え

기본회화　　고객 맞이하기　　🔊 Track 06

<ruby>店員<rt>てんいん</rt></ruby>　　いらっしゃいませ。ご<ruby>予約<rt>よやく</rt></ruby>のお<ruby>客様<rt>きゃくさま</rt></ruby>でいらっしゃいますか。

<ruby>客<rt>きゃく</rt></ruby>　　　はい、<ruby>午後<rt>ごご</rt></ruby>6<ruby>時半<rt>じはん</rt></ruby>に<ruby>予約<rt>よやく</rt></ruby>した<ruby>田中<rt>たなか</rt></ruby>です。

店員　　あ、<ruby>田中様<rt>たなかさま</rt></ruby>、お<ruby>待<rt>ま</rt></ruby>ちしておりました。

　　　　<ruby>奥様<rt>おくさま</rt></ruby>、<ruby>本日<rt>ほんじつ</rt></ruby>はお<ruby>誕生日<rt>たんじょうび</rt></ruby>、おめでとうございます。

　　　　<ruby>窓際<rt>まどぎわ</rt></ruby>のお<ruby>席<rt>せき</rt></ruby>をご<ruby>用意<rt>ようい</rt></ruby>しております。お<ruby>席<rt>せき</rt></ruby>までご<ruby>案内致<rt>あんないいた</rt></ruby>します。

　　　　こちらへどうぞ。

　　　　(테이블을 가리키며) ご<ruby>予約<rt>よやく</rt></ruby>されたお<ruby>席<rt>せき</rt></ruby>はこちらでございます。

客　　　ありがとうございます。<ruby>眺<rt>なが</rt></ruby>めが<ruby>本当<rt>ほんとう</rt></ruby>にいいですね。

店員　　カバンとコートをお<ruby>預<rt>あず</rt></ruby>かり<ruby>致<rt>いた</rt></ruby>します。

客　　　はい、お<ruby>願<rt>ねが</rt></ruby>いします。

서비스 Tip

한국어에서도 남자가 자신의 배우자를 지칭할 때는 '아내', 또는 '처'라고 하고, 남의 배우자를 지칭할 때는 '부인'이라고 하는 것처럼, 일본어에서도 구분해서 말해요. '아내'에 해당하는 말은 「妻(つま)」 또는 「家内(かない)」이며, '부인'에 해당하는 말은 「奥(おく)さん」이에요. 그리고, 본문에서처럼 고객을 상대할 때는 더 정중하게 「奥様(おくさま)」라고 표현합니다. '남편'이라는 말도 여러 가지가 있는데, 자신의 남편을 지칭할 때는 「旦那(だんな)」「夫(おっと)」「主人(しゅじん)」, 남의 남편을 지칭할 때는 「旦那(だんな)さん」「ご主人(しゅじん)」이라는 표현을 쓴다는 것도 알아 두세요.

22

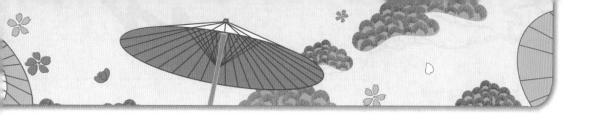

店員　お荷物の中に貴重品はございませんか。

客　　いいえ、ありません。

店員　かしこまりました。それでは、メニューをお持ち致します。

顧客 고객 ・ 出迎え 마중, 나가 영접함 ・ いらっしゃいませ 어서 오세요 ・ 奥様 부인, 사모님 ・ 本日 오늘
お誕生日 생신 ・ おめでとうございます 축하드립니다 ・ 用意(する) 준비(하다) ・ ～まで ～까지
案内(する) 안내(하다) ・ こちらへどうぞ 이쪽으로 오세요 ・ ～される ～하시다 〈존경〉, ～되다 〈자발〉
眺め 풍경, 경치 ・ 本当に 정말 ・ カバン 가방 ・ コート 코트 ・ 預かる 맡다, 보관하다 ・ (お)荷物 짐
中 안, 속 ・ 貴重品 귀중품 ・ メニュー 메뉴(판) ・ 持つ 들다, 가지다

🏙 いらっしゃいませ 어서 오십시오

「いらっしゃいませ」는 「いらっしゃる(가시다, 오시다, 계시다)」의 명령형인 「いらっしゃい」에 공손의 조동사 「ます」의 명령형인 「ませ」가 접속한 형태로, '어서 오십시오'라는 뜻이다. 「いらっしゃる」는 '가시다, 오시다, 계시다'의 의미를 모두 가지고 있기 때문에 문맥과 상황에 따라 다른 의미로 해석된다. 또 1과 기본회화에서 「명사+でいらっしゃいますか」는 '~이십니까?'라는 뜻이라고 배웠는데, 이렇게 「~でいらっしゃる」의 형태로 쓰일 때 '~이시다'라는 뜻이 된다. 비교해서 알아 두도록 하자. 「いらっしゃる」가 ます형이 될 때 음편현상 때문에 「いらっしゃります」가 아니라 「いらっしゃいます」가 된다는 것도 함께 알아 두자.

㉠ いらっしゃい。 어서 와요.

いらっしゃいませ。 어서 오십시오.

明日はお宅にいらっしゃいますか。 내일은 댁에 계세요?

山田様でいらっしゃいますか。 야마다 님이십니까?

🏙 こちらへどうぞ 이쪽으로 오세요

「どうぞ」는 완곡하고 정중하게 권유하는 표현이며, 보다 더 정중하게 표현하고 싶을 때는 「なにとぞ」를 사용하기도 한다. 그러나 이 두 표현 모두 웃어른에게 사용할 때에는 실례가 될 수 있으므로 주의해야 한다.

㉠ あちらへどうぞ。 저쪽으로 가세요.

お先にどうぞ。 먼저 가세요/먼저 드세요/먼저 하세요.

はい、どうぞ。 네, 그렇게 하세요.

서비스 Tip

고객이 예약 시 알려 준 기념일, 생일 등은 고객을 확인한 후 테이블 안내 시에 먼저 알아주고, 축하해 주는 것이 좋아요.

- **記念日 (기념일)**
  誕生日 (생일), 結婚記念日 (결혼기념일), 母の日 (어머니의 날), 父の日 (아버지의 날)

- **お祝い (축하)**
  入学 (입학), 卒業 (졸업), 合格 (합격), 受賞 (수상), 就職 (취직), 昇進 (승진), 出産 (출산)

🌐 존경표현 「〜れる」「〜られる」

여러 가지 존경표현 중에 조동사인 「〜(ら)れる」를 이용하여 존경의 의미를 나타내는 방법이 있다. 이 경우에는 '존경동사'보다는 경의의 정도가 낮은 편이다. 이 「〜(ら)れる」의 형태는 존경 외에도 수동, 가능, 자발의 의미로도 사용되기 때문에 문맥을 통해 다르게 해석할 수 있다.

동사 종류	동사 예	접속 방법	접속 예
1그룹	読む 읽다 行く 가다	어미 う단→あ단 + れる	読まれる 읽으시다 行かれる 가시다
2그룹	寝る 자다 起きる 일어나다	어미 る를 삭제 + られる	寝られる 주무시다 起きられる 일어나시다
3그룹	来る 오다 する 하다	불규칙	来られる 오시다 される 하시다

例 ご予約されたお席はこちらでございます。 예약하신 좌석은 이쪽입니다.

先生は明日来られますか。 선생님은 내일 오십니까?

週末のツアーにお申し込みされますか。 주말에 있을 투어를 신청하시겠습니까?

明日 내일 · お宅 댁(家의 높임말) · なにとぞ 부디 · あちら 저쪽 · (お)先に 먼저 · 読む 읽다 · 行く 가다
寝る 자다 · 起きる 일어나다, 기상하다 · 先生 선생님 · 来られますか 오십니까?, 오시겠습니까? · 週末 주말
ツアー 투어 · 申し込む 신청하다

店員　いらっしゃいませ。ご予約のお客様でいらっしゃいますか。

客　　予約はしていません。3人ですが、静かなお席はありますか。

店員　(예약 화면을 보며) ちょうど奥の方にお席がございます。

　　　ご案内致します。こちらへどうぞ。

客　　よかったです。次回からは必ず予約して来なければいけませんね。

　　　ありがとうございます。

～ていません ～하지 않았습니다 · 静かだ 조용하다 · 奥の方 안쪽 · よかった 다행이다 · 次回 다음 번
必ず 반드시, 꼭 · ～なければいけない ～하지 않으면 안 되다

～ていません ～하지 않았습니다

어떤 일을 하지 않으려는 의도는 없었으나 아직 하지 못했다는 뜻으로 '～하지 않았습니다', '～하지 못했습니다'라고 표현할 때는 「동사의 て형 + ていません」의 형태로 표현한다.

예 予約はしていません。 예약은 하지 않았습니다.

その映画はまだ見ていません。 그 영화는 아직 안 봤습니다.

～なければいけませんね ～해야겠네요

「～なければいけません」은 '～하지 않으면 안 됩니다'라는 뜻으로 이중부정은 강한 긍정을 의미하므로 '당연히 ～해야 한다'라는 당연성과 필연성을 나타낸다. 여기에서 「～なければ」는 부정의 뜻을 가진 조동사 「～ない(~하지 않다)」의 가정형이다. 회화에서는 뒷부분의 「いけません」을 생략하기도 하며, 반말 표현은 「～なければいけない」가 된다. 또 같은 표현으로 「～なければなりません」도 있는데 문어체로 많이 사용된다.

예 予約して来なければいけませんね。 꼭 예약하고 와야겠네요.

明日テストがあるから今日は早く寝なければ。 내일 시험이니까 오늘은 일찍 자야겠다.

書類はボールペンで書かなければならない。 서류는 볼펜으로 써야 한다.

映画 영화 · **まだ** 아직 · **見る** 보다 · **～なければならない** ~하지 않으면 안 되다 · **テスト** 테스트, 시험
～から ~니까, ~해서 · **今日** 오늘 · **書類** 서류 · **ボールペン** 볼펜 · **書く** 쓰다, 적다

店員　いらっしゃいませ。何名様ですか。

客　　1人です。予約していませんが、席はありますか。

店員　申し訳ございません。ただ今、満席でして、相席でもよろしければ、
　　　伺って参りますが…。

客　　はい、相席でも大丈夫です。

店員　少々お待ちください。
　　　(잠시 후) お待たせ致しました。
　　　ご案内致しますので、こちらへどうぞ。

相席でもよろしければ…。

～でもよろしいければ ~라도 괜찮으시다면

「명사 + でも + よろしければ」는 '~라도 괜찮으시다면'의 뜻으로 상대방에게 어떤 행동에 대한 허락을 구할 때 쓰는 표현인데, 여기에서 「よろしければ」는 「よろしい」의 가정형으로 '괜찮으시다면'의 뜻이 된다.

例 相席でもよろしければ、ご案内致します。 동석해도 괜찮으시다면 안내해 드리겠습니다.

お待たせ致しました 많이 기다리셨습니다

손님을 기다리게 했을 때 사용하는 표현으로, 직역하면 '기다리시게 했습니다'가 된다. 여기에 사용된 「待たせる」는 「待つ(기다리다)」의 사역형으로 '기다리게 하다'라는 뜻이 된다.

사역형 「～せる」「～させる」

사역의 의미를 나타내는 조동사 「～(さ)せる」는 동사에 접속하여 사역형을 만드는데, 상대방에게 어떠한 행위 또는 동작을 하게 할 때 사용하는 표현을 사역형이라고 한다. 우리말로는 '~하게 하다, ~시키다'로 해석한다.

동사 종류	동사 예	접속 방법	접속 예
1그룹	行く 가다 飲む 마시다	어미 う단→あ단+せる	行かせる 가게 하다 飲ませる 마시게 하다
2그룹	食べる 먹다	어미 る 삭제+させる	食べさせる 먹게 하다, 먹이다
3그룹	来る 오다 する 하다	불규칙	来させる 오게 하다 させる 하게 하다, 시키다

例 ユリに折り返しお電話させましょうか。 유리에게 다시 전화하게 할까요?
　　すぐ担当者に修理させます。 바로 담당자에게 수리시키겠습니다.

飲む 마시다 · 食べる 먹다 · ユリ 유리 〈인명〉 · 折り返し (부사적으로) 받은 즉시 곧 (회답하는 모양)
すぐ(に) 곧, 바로 · 担当者 담당자 · 修理させる 수리하게 하다 (修理する의 사역형)

연습문제

I. 보기와 같이 ⓐ와 ⓑ를 밑줄 친 곳에 알맞은 형태로 넣어 말해 보세요.

1. **보기**

> ⓐ 予約した席　　ⓑ 眺めが本当にいい
>
> A：ⓐ ご予約されたお席はこちらでございます。
>
> B：ⓑ 眺めが本当にいいですね。

① ⓐ 予約した部屋　　　　　ⓑ とても広い

② ⓐ 注文した飲み物　　　　ⓑ 本当においしい

③ ⓐ 注文した花　　　　　　ⓑ 本当にきれいだ

2. **보기**

> ⓐ カバン　　ⓑ 預かる
>
> A：ⓐ カバンがあるのですが。
>
> B：ⓐ カバンを ⓑお預かり致しましょうか。
>
> A：お願いします。

① ⓐ 郵便物　　　　　　　　ⓑ 送る

② ⓐ 荷物　　　　　　　　　ⓑ 持つ

③ ⓐ スーツケース　　　　　ⓑ 運ぶ

部屋 방 · とても 매우, 무척 · 広い 넓다 · 注文(する) 주문(하다) · 飲み物 음료, 마실 것 · おいしい 맛있다
花 꽃 · 郵便物 우편물 · スーツケース 슈트케이스, 트렁크, 여행 가방 · 運ぶ 옮기다, 운반하다

3.

ⓐ 満席<ruby>満席<rt>まんせき</rt></ruby>だ　　ⓑ 予約<ruby>予約<rt>よやく</rt></ruby>して来<ruby>来<rt>く</rt></ruby>る

A：申<ruby>申<rt>もう</rt></ruby>し訳<ruby>訳<rt>わけ</rt></ruby>ありませんが、ⓐ 満席<ruby>満席<rt>まんせき</rt></ruby>でございます。

B：ⓑ 予約<ruby>予約<rt>よやく</rt></ruby>して来<ruby>来<rt>こ</rt></ruby>なければいけませんね。

① ⓐ 予約<ruby>予約<rt>よやく</rt></ruby>で一杯<ruby>一杯<rt>いっぱい</rt></ruby>だ　　　　　ⓑ 相席<ruby>相席<rt>あいせき</rt></ruby>する

② ⓐ 肉料理<ruby>肉料理<rt>にくりょうり</rt></ruby>の注文<ruby>注文<rt>ちゅうもん</rt></ruby>は不可能<ruby>不可能<rt>ふかのう</rt></ruby>だ　ⓑ 魚料理<ruby>魚料理<rt>さかなりょうり</rt></ruby>を食<ruby>食<rt>た</rt></ruby>べる

③ ⓐ 禁煙席<ruby>禁煙席<rt>きんえんせき</rt></ruby>は満席<ruby>満席<rt>まんせき</rt></ruby>だ　　　ⓑ 喫煙席<ruby>喫煙席<rt>きつえんせき</rt></ruby>に座<ruby>座<rt>すわ</rt></ruby>る

II. 음원을 듣고 다음 회화문을 완성해 보세요. ◉ Track 09

1. A ＿＿＿＿＿＿＿＿＿＿＿＿＿＿＿＿＿＿＿。

　 B はい、相席<ruby>相席<rt>あいせき</rt></ruby>でも大丈夫<ruby>大丈夫<rt>だいじょうぶ</rt></ruby>です。

2. A ご予約<ruby>予約<rt>よやく</rt></ruby>のお客様<ruby>客様<rt>きゃくさま</rt></ruby>でいらっしゃいますか。

　 B ＿＿＿＿＿＿＿＿＿＿＿＿＿＿＿＿＿＿＿。

3. A ＿＿＿＿＿＿＿＿＿＿＿＿＿＿＿＿＿＿＿。

　 B ありがとうございます。眺<ruby>眺<rt>なが</rt></ruby>めが本当<ruby>本当<rt>ほんとう</rt></ruby>にいいですね。

一杯<ruby>一杯<rt></rt></ruby>だ 가득하다, 꽉 차다 ・ 相席<ruby>相席<rt></rt></ruby>(する) 합석(하다), 동석(하다) ・ 肉料理<ruby>肉料理<rt></rt></ruby> 고기 요리 ・ 不可能<ruby>不可能<rt></rt></ruby>だ 불가능하다
魚料理<ruby>魚料理<rt></rt></ruby> 생선 요리 ・ 禁煙席<ruby>禁煙席<rt></rt></ruby> 금연석 ・ 喫煙席<ruby>喫煙席<rt></rt></ruby> 흡연석 ・ 座<ruby>座<rt></rt></ruby>る 앉다

표현 UP! 레스토랑에서 쓰이는 다양한 표현 ①

음식 알레르기나 못 드시는 식재료가 있으십니까?	食物アレルギーや、制限されている食材などはございませんでしょうか。
기다리시는 동안 맥주 한잔 하시겠습니까?	お待ちになっている間、ビールはいかがですか。
기다리시는 동안 메뉴 보시겠습니까?	お待ちいただいている間、メニューをご覧になりますか。
어린이용 의자를 갖다드릴까요?	お子様用の椅子をお持ちしましょうか。
코트를 들어 드리겠습니다.	コートをお持ち致します。
코트를 보관해 드릴까요?	コートをお預かり致しましょうか。
반갑습니다. 오랜만에 오셨습니다!	お会いできて嬉しいです。お久しぶりでございます。
죄송합니다. 오늘 치즈케이크가 품절입니다.	申し訳ございません。本日、チーズケーキは切らしております。
다양한 종류의 피자가 준비되어 있습니다.	様々な種類のピザをご用意しております。
성함이 어떻게 되십니까?	お名前をお願い致します。
일행분이 먼저 오셔서 기다리고 계십니다.	お連れ様が先に来てお待ちです。
담배는 1층에서 구입이 가능합니다.	タバコは1階でご購入できます。
죄송합니다. 여기는 금연구역입니다.	申し訳ございません。ここは禁煙でございます。
흡연실은 건물 밖에 준비되어 있습니다.	喫煙室は建物の外にございます。

'클록룸(Cloakroom)'을 아시나요?

결혼식이나 행사장을 방문할 때에 무거운 코트나 짐이 있어 불편한 경험은 없으셨나요?
호텔에서는 연회장이나 레스토랑을 이용하는 고객들을 위해 무거운 짐이나 코트를
보관할 수 있는 장소로 클록룸을 운영하고 있습니다.
고객의 편의를 위해 준비된 장소인데 클록룸을 모르시는 분들이 아주 많지요.
혹 연회장이나 레스토랑을 이용하시는 고객 중에 큰 가방이나 무거운 짐을 들고 입장하는
고객을 보신다면, 적극적으로 다가가 물건을 안전하게 보관할 수 있음을 알려 주세요.
호텔리어들의 적극적인 관찰과 관심이 고객에게 기대 이상의 서비스를 제공하고
재방문을 일으킬 수 있다는 것, 잊지 마세요.

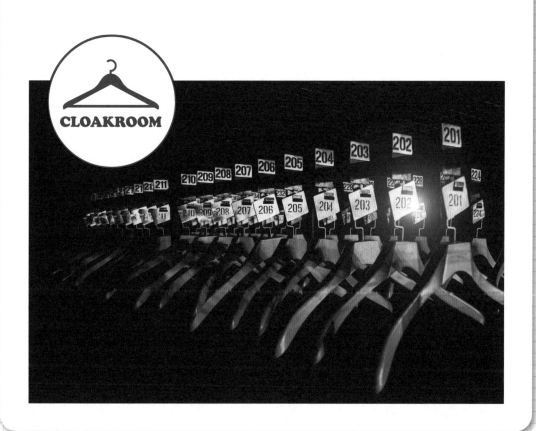

第3課

食事の注文
しょく じ　ちゅうもん

기본회화　식사 주문 받기　　　　　⊙ Track 11

店員　いらっしゃいませ。お客様、ご注文、何になさいますか。
てんいん　　　　　　　　　きゃくさま　ちゅうもん　なに

客　韓国料理が食べたいんですが、お勧めの料理はありますか。
きゃく　かんこくりょうり　た　　　　　　すす　　りょうり

店員　何かアレルギーなどはございませんでしょうか。
なに

客　いいえ。ありません。

店員　当店では、ご飯にいろんなナムルを入れて、混ぜて食べるビビンバと
とうてん　　　はん　　　　　　　　い　　　ま　　た

　　　温かいスープのカルビタンが人気があります。
あたた　　　　　　　　にん き

　　　(메뉴 사진을 가리키며)こちらのメニューをご覧ください。
らん

客　あ、おいしそうですね。

　　　それじゃ、ビビンバ一つと、カルビタン一つをください。
ひと　　　　　　　ひと

서비스 Tip

알레르기를 유발하는 대표적인 식재료
- 卵 (달걀), 牛乳 (우유), 牛肉 (소고기), 鶏肉 (닭고기), 豚肉 (돼지고기)
  たまご　　ぎゅうにゅう　　ぎゅうにく　　とりにく　　ぶたにく
- かに (게), あわび (전복), いか (오징어), 鮭 (연어), いくら (연어알), 鯖 (고등어)
  さけ　　　　　　　　さば
- 小麦 (밀), そば (메밀), 大豆 (대두), 落花生 (땅콩), カシューナッツ (캐슈넛), アーモンド (아몬드),
  こむぎ　　　　だい ず　　らっ か せい
  くるみ (호두), ごま (깨)
- オレンジ (오렌지), キウイ (키위), バナナ (바나나), もも (복숭아), りんご (사과)
- まつたけ (송이버섯), ゼラチン (젤라틴)

34

店員　はい、かしこまりました。

　　　お飲（の）み物（もの）はいかがですか。

客　　いいえ。大丈夫（だいじょうぶ）です。温（あたた）かいお茶（ちゃ）いただけますか。

店員　はい、かしこまりました。すぐにお持（も）ち致（いた）します。

〜になさる 〜로 하시다 ・ 韓国 한국 ・ 料理 요리, 음식 ・ 〜たい 〜하고 싶다 ・ 〜んですが 〜(한)데요
お勧め 추천 ・ 勧める 추천하다 ・ 当店 당점, 저희 매장 ・ ご飯 밥 ・ いろんな 여러 가지의, 다양한
ナムル 나물 ・ 入れる 넣다 ・ 混ぜる 섞다, 혼합하다 ・ ビビンバ 비빔밥 ・ 温かい 따뜻하다
スープ 수프, 국, 탕 ・ カルビタン 갈비탕 ・ ご覧ください 봐 주시기 바랍니다 (見てください의 정중한 표현)
いかがですか 어떠십니까? (どうですか보다 정중한 표현) ・ お茶 차 ・ いただく 받다
いただけますか 받을 수 있을까요?

문법&문형

🎧 ～たい ~하고 싶다

「たい」는 희망을 나타내는 조동사로「동사의 ます형 + たい」의 형태로 '~하고 싶다'의 의미를 나타낸다. 우리말에서도 '~을 하고 싶다', '~이 하고 싶다'로 표현할 수 있듯이 일본어에서도「～を ～たい」「～が～たい」둘 다 쓸 수 있지만 조사「が」를 쓰는 것이 더 일반적이다. 그리고 '~하고 싶어 하다'라는 뜻으로 주로 제3자의 바람을 표현할 때는「～たがる」를 사용한다.

예 韓国の食べ物が食べたいです。 한국 음식을 먹고 싶습니다.

日本語が勉強したいです。 일본어를 공부하고 싶습니다.

ピアノを弾きたい。 피아노를 치고 싶다.

妹は僕の彼女に会いたがっている。 여동생은 내 여자 친구를 만나고 싶어 한다.

🎧 「～んです」와「～のです」

「～んです」는「～のです」의 회화체라고 볼 수 있는데,「～のです」는 회화에서도 쓰지만「～んです」보다 정중한 느낌이다. 여기서「ん」은 강조의 의미를 갖고 있는「の」가 바뀐 것이므로 의미는 같다. 다만 바뀌기 전 형태인「の」가 조금 더 정중한 느낌이라는 점이 다르다. 경우에 따라 '것'으로 해석되기도 하지만 굳이 우리말로 해석은 하지 않아도 약간 강조된 느낌이 있다. 본문에서처럼 희망을 나타내는 조동사「たい」에 접속할 경우 '~하고 싶은 겁니다'와 같이 해석될 수 있다.

예 このカバンを買いたいのですが。 이 가방을 사고 싶은데요.

私は先に帰りたいんですが。 저는 먼저 돌아가고 싶은데요.

彼女は明日じゃなくて、あさって来るんです。 그녀는 내일이 아니라 모레 와요.

あの時、田中さんはこう言ったのです。 그때 다나카 씨는 이렇게 말했습니다.

🎧 いかがですか 어떠십니까?

「いかがですか」는「どうですか(어떻습니까?)」보다 정중한 표현으로 '어떠십니까?'로 해석되는 표현이다.「いかがでしょうか」라는 표현도 많이 쓰인다.

예 お飲み物はいかがですか。 음료는 어떠십니까?

お食事はいかがでしたか。 식사는 어떠셨습니까?

赤ワインはいかがでしょうか。 레드와인은 어떠실까요?

⊕ いただけますか 받을 수 있을까요?, 주실 수 있을까요?

「いただく」는 '받다'라는 뜻의 「もらう」의 겸양동사이다. 회화문에 사용된 「いただけますか」의 「いただける」는 「いただく」의 가능형이므로 「いただけますか」는 직역하면 '받을 수 있을까요?'가 되는데 '주시겠어요?', '주실 수 있을까요?'라고 해석할 수 있다.

예) お水いただけますか。물 좀 주실 수 있나요?

先生から花束をいただきました。
선생님한테 꽃다발을 받았습니다.(=선생님이 꽃다발을 주셨어요.)

⊕ 가능형 「〜eる」「〜られる」

가능의 뜻을 나타낼 때는 '할 수 있다'라는 뜻을 가진 동사 「できる」나 「〜ことができる」라는 문형을 사용하는 방법도 있지만, 동사 자체를 가능형으로 바꾸는 방법도 있다. 1그룹 동사는 어미를 え단으로 바꾸고 「る」를 붙이고, 2그룹 동사는 어미 「る」를 삭제하고 「られる」를 붙이면 된다.

동사 종류	동사 예	접속 방법	접속 예
1그룹	行く 가다 飲む 마시다	어미 う단→え단 + る	行ける 갈 수 있다 飲める 마실 수 있다
2그룹	食べる 먹다	어미 る 삭제 + られる	食べられる 먹을 수 있다
3그룹	来る 오다 する 하다	불규칙	来られる 올 수 있다 できる 할 수 있다

예) 地図があるから一人で行けます。지도가 있으니까 혼자서 갈 수 있습니다.

日本の料理なら、何でも食べられます。일본 요리라면 뭐든지 먹을 수 있습니다.

~たがる ~(하)고 싶어 하다 · 食べ物 음식, 먹을 것 · 日本語 일본어 · 勉強(する) 공부(하다) · ピアノ 피아노 弾く (악기를) 연주하다, 치다 · 妹 여동생 · 僕 나 (남성이 쓰는 1인칭) · 彼女 그녀, 여자 친구 · 会う 만나다 先に 먼저 · 帰る 돌아가다, 돌아오다, 귀가하다 · あさって 모레 · 言う 말하다 · 飲み物 마실 것, 음료 赤ワイン 적포도주, 레드와인 · もらう 받다 · 花束 꽃다발 · 地図 지도 · 何でも 무엇이든지

응용회화 1 　음료 주문 받기　⊙ Track 12

店員　お飲み物は何になさいますか。

客　　グラスワインをいただこうかな。何がありますか。

店員　ステーキとよく合う赤ワインはいかがでしょうか。

客　　それはいいですね。ワインリストはありますか。

店員　はい。こちらです。こちらにハウスワインもありますし、いろんな国
　　　のワインもご用意しております。
　　　ゆっくりご覧になって、お決まりになりましたら、お呼びください。

グラスワイン 글라스 와인 ・ **～(よ)うかな** ～(할)까? ・ **ステーキ** 스테이크 ・ **よく** 잘 ・ **合う** 어울리다, 맞다
いかがでしょうか 어떠십니까? (どうでしょうか보다 정중한 표현) ・ **ワインリスト** 와인리스트, 와인 항목
ハウスワイン 하우스 와인 ・ **～し** ～하고, ～해서 ・ **ゆっくり** 천천히 ・ **ご覧になる** 보시다 (見る의 존경어)
お～になる ～하시다

38

문법&문형

의지형 「~(よ)う」

'~하자, ~해야지, ~해야겠다' 등의 자신의 의지를 나타내는 의지형은 다음과 같은 방법으로 만들 수 있다. 이 표현은 친구에게 뭔가를 함께 하자고 권할 때도 쓸 수 있고, 혼잣말로도 쓸 수 있다.

동사 종류	동사 예	접속 방법	접속 예
1그룹	行く 가다 飲む 마시다	어미 う단→お단+う	行こう 가자, 가야지 飲もう 마시자, 마셔야지
2그룹	食べる 먹다	어미 る 삭제+よう	食べよう 먹자, 먹어야지
3그룹	来る 오다 する 하다	불규칙	来よう 오자, 와야지 しよう 하자, 해야지

예 グラスワインをいただこうかな。 글라스 와인을 주문할까?

何を食べようかな。 뭘 먹을까?

これにしようか。 이걸로 할까?

お~になる ~하시다

「お[ご] + 동사 ます형 + になる」 또는 「お[ご] + 한자어 + になる」의 문형은 윗사람이나 고객에게 사용하는 존경표현 중 하나로 가장 많이 쓰는 표현이라고 할 수 있다.

예 メニューはお決まりになりましたか。 메뉴를 정하셨습니까?

初めてご使用になる時は、必ず取扱説明書をお読みください。
처음 사용하실 때는 반드시 취급설명서를 읽어 주시기 바랍니다.

ご利用になるコースをまず選択していただきます。
이용하실 코스를 먼저 선택해 주시기 바랍니다.

~にしようか ~로 할까? ・ 初めて 처음(으로) ・ 使用(する) 사용(하다) ・ 時 때 ・ 取扱説明書 취급설명서
利用(する) 이용(하다) ・ コース 코스 ・ まず 우선, 먼저 ・ 選択(する) 선택(하다)

客^{きゃく}　(손을 올리며) すみません。

店員^{てんいん}　はい、お客様^{きゃくさま}。

客　追加^{ついか}で注文^{ちゅうもん}したいので、メニューを持^もってきてもらえますか。

店員　はい、メニューはこちらです。

客　お寿司^{すし}がおいしいですね。お寿司^{すし}一人前^{いちにんまえ}と茶碗蒸^{ちゃわんむ}し一個^{いっこ}ください。

　　それから、日本酒^{にほんしゅ}一杯^{いっぱい}ください。

すみません 여기요, 실례합니다, 죄송합니다, 고맙습니다 ・ 追加 추가 ・ 持ってくる 가지고 오다
~てもらえる ~해 받을 수 있다 ・ もらえる 받을 수 있다 (기본형 もらう) ・ (お)寿司 초밥 ・ 一人前 1인분
茶碗蒸し 계란찜 ・ 一個 한 개 ・ それから 그리고 ・ 日本酒 일본주, 일본 술 ・ 一杯 한 잔

문법&문형

⊕ **すみません** 저기요

「すみません」은 사과할 때, 고마움을 표할 때, 주의를 끌 때 등 쓰임새가 다양한 표현이며 상황에 맞게 '죄송합니다', '고맙습니다', '실례합니다', '저기요~' 등으로 해석하면 된다. 이 표현은 구어에서 「すいません」이라고 표현하기도 한다.

⊕ **〜てもらえますか** ~해 주실 수 있을까요?

「〜てもらう」는 동사의 て형에 '받다'라는 뜻의 수수동사「もらう」가 결합하여 '~해 받다'라는 뜻을 나타낸다. 타인(제3자)이 베푸는 호의 행위로 인하여 나 또는 나와 관련된 사람이 이익을 받게 될 때 사용하는 말로, 이 표현을 가능형으로 바꾸어 의문형으로 만든 것이「〜てもらえますか」인데 직역하면 '~해 받을 수 있을까요?', 자연스럽게 해석하면 '~해 주실 수 있을까요?'가 된다. 자신과 동등하거나 가까운 사이, 아랫사람과의 사이에서 쓰인다.

(예) メニューを持ってきてもらえますか。 메뉴를 갖다주실 수 있나요?

⊕ **조수사「〜個」「〜杯」** p.187-188 조수사 참조

조수사는 우리말의 '~개', '~잔', '~명' 등과 같이 수사에 붙어 수량의 단위를 나타내는 말이다. 앞에 있는 수에 따라 조수사의 발음이 달라지는 경우가 많기 때문에 주의가 필요하다.

(예) 一個, 二個, 三個, 四個, 五個 한 개, 두 개, 세 개, 네 개, 다섯 개
　　 一杯, 二杯, 三杯, 四杯, 五杯 한 잔, 두 잔, 세 잔, 네 잔, 다섯 잔

すいません 여기요, 실례합니다, 죄송합니다, 고맙습니다 (すみません을 편하게 한 말) ・ 〜個 ~개 ・ 〜杯 ~잔

I. 보기와 같이 ⓐ와 ⓑ를 밑줄 친 곳에 알맞은 형태로 넣어 말해 보세요.

1.

> 보기
>
> ⓐ 刺身を食べる ⓑ お刺身
>
> A : ⓐ 刺身が食べたいんですが。
>
> B : ⓑ お刺身に致しますか。
>
> A : はい。お願いします。

① ⓐ おみやげを買う ⓑ お人形

② ⓐ お茶を飲む ⓑ お茶

③ ⓐ 今日のお勧めを食べる ⓑ 今日のお勧め

2.

> 보기
>
> ⓐ 追加で何か注文する ⓑ メニューを持ってくる
>
> A : ⓐ 追加で何か注文したいので、ⓑ メニューを持ってきてもらえますか。
>
> B : はい、かしこまりました。

① ⓐ サラダを注文する ⓑ サラダリストを見せる

② ⓐ スパイシーなものを頼む ⓑ 食べ物の辛さを教える

③ ⓐ 野菜をたっぷりとる ⓑ 肉と魚を抜く

刺身 회 · ～たいんですが ～하고 싶은데요 · おみやげ 기념 선물 · 買う 사다, 구매하다 · お人形 인형
サラダ 샐러드 · リスト 리스트 · 見せる 보여 주다 · スパイシー 스파이시, (요리에서) 향신료를 많이 넣은 모양
頼む 부탁하다 · 辛さ 매움, 맵기 · 教える 가르치다 · 野菜 야채, 채소 · たっぷり 충분히 · とる 섭취하다
肉 고기, 육류 · 魚 생선 · 抜く 빼다

3.

> **보기**
>
> ⓐ ステーキ　　ⓑ ワイン
>
> A：ⓐ <u>ステーキ</u>に合う何かがほしいですが。
>
> B：ご注文なさった ⓐ <u>ステーキ</u>に合うものでございますか。
>
> 　　ⓑ <u>ワイン</u>はいかがでしょうか。

① ⓐ ビビンバ 　　　　　　ⓑ 汁物のカルビタン

② ⓐ トッポッキ 　　　　　ⓑ 辛くない海苔巻き

③ ⓐ お肉 　　　　　　　　ⓑ さっぱりとした冷麺

II. 음원을 듣고 다음 회화문을 완성해 보세요. 🔘 Track 14

1. A _____。

   B お勧めの料理はありますか。

2. A _____をお願いします。

   B かしこまりました。_____。

3. A _____、メニューを持ってきてもらえますか。

   B はい、メニューはこちらです。

~がほしい ~을 원하다, ~이 먹고[갖고] 싶다 ・ 汁物 국물이 많은 요리 ・ トッポッキ 떡볶이 ・ 辛い 맵다
海苔巻き 김밥 ・ さっぱり 개운한 모양, 담백한 모양 ・ 冷麺 냉면

표현 UP!　레스토랑에서 쓰이는 다양한 표현 ②

샐러드의 드레싱은 무엇으로 하시겠습니까?	サラダのドレッシングは何に致しますか。
지금 디저트를 주문하시겠습니까?	今、デザートを注文なさいますか。
술은 무엇으로 하시겠습니까?	お酒は何がよろしいですか。
30분 후면 자리가 가능할 것 같습니다.	３０分後でしたら、席が空くと思います。
호텔에 묵고 계시면, 룸 사인으로 식사가 가능합니다.	このホテルでお泊まりの方はサインだけでお食事ができます。
이것을 뜨겁게 해 드릴까요?	こちらは温めますか。
이 음식은 뜨거우므로 조심하십시오.	この料理は熱くなっておりますので、お気をつけください。
주문하신 음식과 가격은 계산서에 항목별로 명기되어 있습니다.	ご注文なさったお料理とお値段はレシートに項目別に明記されております。
식사 중, 필요하신 게 있으면 말씀하십시오.	お食事中、何かご用がございましたらお呼びください。
식사는 만족하셨습니까?	お食事はお気に召しましたか。
오후 3시부터 5시까지는 영업을 하지 않습니다.	午後３時から５時までは営業しておりません。
(접시를) 치워도 되겠습니까?	(お皿を) お下げしてもよろしいですか。
천천히 드십시오.	ごゆっくりどうぞ。

외국인이 사랑하는 한국 음식 1위는 무엇일까요?

고객 응대를 하다 보면, 외국인으로부터 한국 음식을 추천해 달라는 요청을 받을 때가 있습니다. 외국인들에게 가장 인기 있는 한국 음식은 무엇일까요?

한국 음식 하면 흔히 비빔밥, 불고기, 삼계탕 등을 떠올리는데, 외국인들이 '가장 좋아하는 한식'과 '가장 자주 먹는 한식' 모두 1위를 차지한 인기 음식은 바로 치킨이라고 합니다.

농림축산식품부와 한식진흥원에 따르면 뉴욕과 파리, 베이징 등 주요 도시 주민 8,500명을 대상으로 설문 조사를 한 결과, 외국인들이 가장 선호하는 한식 메뉴는 한국식 치킨이 1위(16%)를 차지했고, 또한 한식을 먹어 본 적이 있는 응답자를 대상으로 자주 먹는 한식 메뉴를 물어보자, 이 또한 한국식 치킨(30%)이라는 답이 가장 많았다고 합니다. 이어, 김치(27.7%), 비빔밥(27%), 떡볶이(18%) 등의 순이었습니다. 치킨은 외국인뿐만 아니라 한국인들에게도 사랑받는 음식인데요. 지난 3년간 소비자 2,000명을 대상으로 한 설문 조사에 따르면, 가장 선호하는 배달 음식 1위는 바로 치킨이라고 합니다. 또한 치킨에 맥주를 곁들인 '치맥'은 이제 한국을 찾는 외국인 관광객들에게는 꼭 먹어 봐야 하는 음식으로 자리 잡았고 실제로 구글에서 'ChiMac'을 검색하면 다양한 '치맥' 정보들이 검색될 정도라고 합니다. 한국을 찾은 외국인들에게 어느 음식을 추천할지 고민하고 계신가요? 한국인과 외국인들이 사랑하는 치킨 또는 '치맥'은 어떨까요?

내용 출처: 헤럴드 경제: https://m.news.nate.com/view/20220213n01955

カフェでの<ruby>注文<rt>ちゅうもん</rt></ruby>

기본회화 카페에서 주문 받기 ◉ Track **16**

<ruby>店員<rt>てんいん</rt></ruby> いらっしゃいませ。ご<ruby>注文<rt>ちゅうもん</rt></ruby>はお<ruby>決<rt>き</rt></ruby>まりでしょうか。

<ruby>客<rt>きゃく</rt></ruby> はい、アメリカーノ<ruby>一<rt>ひと</rt></ruby>つとカプチーノ<ruby>一<rt>ひと</rt></ruby>つを<ruby>お願<rt>ねが</rt></ruby>いします。

店員 ホットとアイス、どちらになさいますか。

客 ホットで<ruby>お願<rt>ねが</rt></ruby>いします。

店員 <ruby>全部<rt>ぜんぶ</rt></ruby>で 9,200ウォンでございます。

客 (만 원을 건네며) <ruby>一万<rt>いちまん</rt></ruby>ウォンで<ruby>お願<rt>ねが</rt></ruby>いします。

店員 <ruby>一万<rt>いちまん</rt></ruby>ウォンを<ruby>お預<rt>あず</rt></ruby>かり<ruby>致<rt>いた</rt></ruby>します。800ウォンの<ruby>お返<rt>かえ</rt></ruby>しでございます。<ruby>店内<rt>てんない</rt></ruby>で<ruby>お召<rt>めあ</rt></ruby>し<ruby>上<rt></rt></ruby>がりですか。

서비스 Tip

커피와 음료 종류

- ドリップコーヒー (드립 커피), エスプレッソコーヒー (에스프레소 커피), ダッチコーヒー (더치 커피)
- アメリカーノ (아메리카노), カプチーノ (카푸치노), ウィンナーコーヒー (비엔나 커피)
- カフェラテ (카페라떼), カフェモカ (카페모카), フラットホワイト (플랫 화이트)
- ジンジャーエール (진저에일), スパークリングウォーター (탄산수)
- ハーブティー (허브티), ピーチティー (복숭아 티), ミルクティー (밀크티)
- リンゴジュース (사과 주스), グレープフルーツジュース (자몽 주스)

客　　はい、ここで飲みます。

店員　　では、マグカップで準備させていただきます。

　　　　（진동벨을 건네며）こちらが赤く光ったら、あちらからコーヒーをお受け取り

　　　　ください。

客　　はい、分かりました。ありがとうございます。

カフェ 카페, 커피숍 ・ お〜でしょうか 〜이신가요? ・ アメリカーノ 아메리카노 ・ カプチーノ 카푸치노
ホット 핫, 뜨거움 ・ アイス 아이스 ・ どちら 어느 쪽 ・ 全部で 전부 해서, 다 합해서 ・ 〜ウォン 〜원
お返し 답례, 회신, 거스름(돈) ・ 店内 점내, 매장 안 ・ 召し上がる 드시다, 잡수시다 ・ マグカップ 머그컵
準備(する) 준비(하다) ・ 〜させていただく (허락하시면) 〜하겠다 ・ 赤い 빨갛다 ・ 光る 빛나다, 눈부시다
コーヒー 커피 ・ 受け取る 받다, 수취하다

❀ お〜でしょうか ~이신가요?

존경표현 중「お[ご]＋동사의 ます형＋です」는 '~하십니다'의 뜻으로 동사의 성질에 따라서 과거, 현재, 미래의 동작 상태를 나타낼 수 있다. 주로 의문문 형태로 쓰는 일이 많은데「お[ご]〜です か」보다「お[ご]〜でしょうか」가 더 정중한 표현이 된다.

예 ご注文はお決まりでしょうか。 주문은 정하셨나요?

確認はもうお済みですか。 확인은 벌써 끝났습니까?

店内でお召し上がりですか。 가게에서 드시겠습니까?

お持ち帰りですか。 포장해 가져가시겠습니까?

❀ 〜でお願いします ~로 부탁드려요

조사「で」는 많은 용법 중에서 대표적으로 장소를 말할 때는 '~에서'라는 뜻으로 쓰이며, 수단이나 조건 등을 나타낼 때는 '~로'라는 뜻으로 쓰인다. 계산을 할 때「カードでお願いします(카드로 부탁드려요)」라고 하면 '카드로 계산하겠다'는 뜻이 되며, 음료를 주문할 때「ホットでお願いします(뜨거운 걸로 부탁드려요)」라고 하면 따뜻한 것으로 달라는 뜻이 된다. 또, 현금을 지불할 때「一万 ウォンでお願します」와 같이 금액을 나타내는 밑에「〜でお願いします」를 붙여 표현하면 '얼마짜리 지폐나 동전을 낼 테니 거스름돈을 달라'는 뜻이 된다. 이런 경우 한국에서는 아무 말 없이 돈만 내미는 경우가 대부분이기 때문에 적절한 표현이 없지만 '만 원짜리를 낼게요', '이 돈으로 계산해 주세요' 정도로 해석할 수 있다.

예 このビザカードでお願いします。 이 비자 카드로 계산해 주세요.

アメリカーノをホットでお願いします。 아메리카노를 따뜻한 걸로 주세요.

千円でお願いします。 천 엔짜리를 낼게요.

⊕ 존경동사 「召し上がる」

「召し上がる」는 '잡수시다, 드시다'라는 뜻으로 「食べる(먹다)」「飲む(마시다)」의 존경동사이다. 주로 고객, 거래처, 상사 등 윗사람에게 사용한다.

예 どうぞ、召し上がってください。 자, 드세요.

　　どうぞお先に召し上がりください。 자, 먼저 드세요.

　　昼食は召し上がりましたか。 점심은 잡수셨습니까?

⊕ ～(さ)せていただきます　~하겠습니다

「～(さ)せていただく」의 형태로 동사의 사역형을 이용한 겸양표현으로 상대방에 대한 이익과 직접적인 관련이 없으며, 상대방의 승인이나 허락을 직접 받지는 않지만 화자 자신이 주도적으로 무언가를 하면서도 상대방의 입장을 고려하여 공손하게 나타낼 때 사용한다.

예 本日のイベントは、これで終わらせていただきます。 오늘 이벤트는 이상으로 마치겠습니다.

　　８月２８日は休ませていただきます。 8월 28일은 쉽니다.

確認 확인 ・ もう 이제, 벌써 ・ 済む 끝나다, 마치다 ・ 持ち帰る (포장해서) 가지고 가다 ・ カード 카드
ビザカード 비자 카드 ・ 昼食 점심 (식사) ・ イベント 이벤트 ・ これで 이것으로 ・ 終わる 끝나다
休む 쉬다

店員　いらっしゃいませ。お客様、ご注文をお伺い致します。

客　韓国伝統茶はありますか。

店員　はい、高麗人参茶と生姜茶、そして柚子茶がございます。

客　今日はちょっと寒いから、柚子茶がよさそうですね。
　　柚子茶を二つお願いします。

店員　かしこまりました。柚子茶を二つでございますね。
　　すぐにお持ち致します。

伝統茶 전통차 ・ 高麗人参茶 고려인삼차 ・ 生姜茶 생강차 ・ 柚子茶 유자차 ・ ちょっと 좀, 조금
寒い 춥다 ・ ～から ～(하)니까 ・ よさそうだ 좋을 것 같다 ・ ～でございますね ~말씀이시지요?

문법&문형

⊕ 이유를 나타내는 「～から」

「～から」는 '～에서', '～부터', '～에게서', '～ 때문에' 등의 여러 의미를 나타내는데, 여기서는 원인이나 이유를 나타내는 '～때문에'라는 뜻으로 사용되었다. 「～から」는 주관적인 느낌과 생각이 강하며, 원인이나 이유, 근거가 되는 말을 표현하는 접속조사로 각 품사의 정중체와 보통체형에 모두 접속할 수 있다. 단, 명사와 な형용사에 접속할 때는 「～だから」의 형태가 된다.

예) 今日は寒いから、温かい料理を食べましょう。 오늘은 추우니까 따뜻한 요리를 먹읍시다.

私は大丈夫だから、心配しないでください。 저는 괜찮으니까 걱정 마세요.

⊕ よさそうだ 좋을 것 같다

'～것 같다'의 뜻을 나타내는 「～そうだ」는 い형용사에 접속할 때 어간에 접속하는데, 특별히 「いい(좋다)」와 「ない(없다)」에 접속할 때만 예외로 「よさそうだ」, 「なさそうだ」가 된다. 「いい」는 ない형이 될 때 「よくない」가 되는 것처럼 「よい」라는 형태에서 활용을 한다는 것을 기억해 두자.

예) お茶がよさそうです。 차가 좋을 것 같아요.

この料理は体によさそうです。 이 음식은 몸에 좋을 것 같아요.

あの映画はおもしろくなさそう。 저 영화는 재미없을 것 같아.

⊕ ～でございますね ~말씀이시죠?

고객의 주문 내용을 다시 한번 확인할 때, '～말씀이시죠?', '～맞으시죠?'라는 뜻으로 「～でございますね」라는 표현을 쓴다. 「～でございますね」보다는 덜 정중하지만 「～ですね」도 쓸 수 있다.

예) 柚子茶を二つでございますね。 유자차 두 잔 말씀이시죠?

～だから ～(이)니까, ～(하)니까 ・ ～ましょう ~합시다 ・ 心配(する) 걱정(하다)
～ないでください ～(하)지 말아 주세요 ・ ない 없다 ・ なさそうだ 없을 것 같다 ・ よくない 좋지 않다
体 몸 ・ おもしろい 재미있다 ・ ～くなさそう ~하지 않을 것 같다

客_{きゃく}   デザートにケーキをいただきたいのですが、何^{なに}がありますか。

店員_{てんいん}   当店^{とうてん}ではティラミスと、ブルーベリーチーズケーキが人気^{にんき}ですが、こちらのケーキはいかがでしょうか。

客   そうですねえ。では、ティラミスと、ブルーベリーチーズケーキ一^{ひと}つずつください。

デザート 디저트 ・ ケーキ 케이크 ・ いただく 받다 (もらう의 겸양동사) ・ ティラミス 티라미수
ブルーベリーチーズケーキ 블루베리치즈케이크 ・ 人気だ 인기가 있다 ・ ～ずつ ～씩

〜たいのですが ~하고 싶은데요

'~하고 싶은데요'라는 뜻의 「동사의 ます형＋たいのですが」 형태는 희망을 나타내는 조동사 「たい」에 강조의 의미인 「の」를 연결한 표현으로 3과 기본회화에 나온 것처럼 회화체에서는 「〜たいんですが」의 형태로 쓰기도 한다. 「〜のですが」 또는 「〜んですが」는 「たい」뿐만 아니라 동사에 연결하여 '~인데요', '~거든요' 등의 의미로 쓰이기도 한다.

예) このカバンを買いたいのですが。 이 가방을 사고 싶은데요.
私は先に帰りたいんですが。 저는 먼저 돌아가고 싶은데요.
辛い物が食べたいんですが。 매운 음식이 먹고 싶은데요.

〜ずつ ~씩

「〜ずつ」는 수량을 나타내는 말에 붙어 '~씩'이라는 뜻으로 쓰인다.

예) リンゴとミカンを三つずつください。 사과와 귤을 세 개씩 주세요.
焼酎とビールを一本ずつお願いします。 소주와 맥주를 한 병씩 부탁해요.
イチゴ味のケーキと紅茶を一つずつください。 딸기맛 케이크와 홍차를 하나씩 주세요.

〜たいんですが 〜(하)고 싶은데요, 〜(하)고 싶습니다만 ・ 辛い物 매운 것 ・ リンゴ 사과 ・ ミカン 귤
焼酎 소주 ・ ビール 맥주 ・ 一本 한 병, 한 자루, 한 개 ・ イチゴ 딸기 ・ 〜味 ~맛 ・ 紅茶 홍차

I. 보기와 같이 ⓐ와 ⓑ를 밑줄 친 곳에 알맞은 형태로 넣어 말해 보세요.

1.

> **보기**
>
> ⓐ セーフティーボックス　　ⓑ ご説明する
>
> A：ⓐ セーフティーボックスを利用したいのですが。
>
> B：はい、こちらで ⓑ ご説明させていただきます。

① ⓐ サウナ　　　　　　　ⓑ ご案内する

② ⓐ スパ　　　　　　　　ⓑ ご説明する

③ ⓐ シャトルバス　　　　ⓑ ご案内する

2.

> **보기**
>
> ⓐ 暑くなる　　ⓑ エアコンをつける
>
> A：ⓐ 暑くなったら、ⓑ エアコンをつけてください。
>
> B：はい、そうします。

① ⓐ スケジュールが変わる　　ⓑ 教える

② ⓐ 彼女に会う　　　　　　　ⓑ 連絡する

③ ⓐ 道に迷う　　　　　　　　ⓑ 電話する

セーフティーボックス 세이프티 박스(safety-deposit box), 귀중품 보관고, 금고 ・ 説明(する) 설명(하다)
サウナ 사우나 ・ スパ 스파, 온천 ・ シャトルバス 셔틀버스 ・ 暑い 덥다 ・ ～くなる ～해지다
エアコン 에어컨 ・ ～をつける ～을 켜다 ・ スケジュール 스케줄 ・ 変わる 바뀌다 ・ 道に迷う 길을 헤매다

3. 보기

ⓐ 寒い　　ⓑ 鍋料理

A : 今日はⓐ 寒いから、ⓑ 鍋料理がよさそうですね。

B : はい、そうしましょう。

① ⓐ 蒸し暑い　　　　　ⓑ かき氷

② ⓐ 雨　　　　　　　　ⓑ ちゃんぽん

③ ⓐ 眠い　　　　　　　ⓑ コーヒー

II. 음원을 듣고 다음 회화문을 완성해 보세요. ◉ Track 19

1. A ＿＿＿＿＿＿＿＿＿＿＿＿＿＿＿＿＿＿＿＿＿＿＿。

　 B 一万ウォンお預かり致します。＿＿＿＿＿＿＿＿＿＿＿＿＿＿＿。

2. A では、＿＿＿＿＿＿＿＿＿＿＿＿＿＿＿＿＿＿＿＿＿＿＿＿＿。

　 ＿＿＿＿＿＿＿＿＿＿＿＿＿＿＿、あちらからコーヒーをお受け取りください。

　 B はい、分かりました。ありがとうございます。

3. A ＿＿＿＿＿＿＿＿＿＿＿＿＿＿＿＿＿＿＿＿＿。

　 B シャンパンとウイスキーとラムがございます。＿＿＿＿＿＿＿＿＿＿。

鍋料理 냄비 요리, 전골 ・ 蒸し暑い 무덥다, 습하고 덥다 ・ かき氷 빙수 ・ 雨 비 ・ ちゃんぽん 짬뽕
眠い 졸리다 ・ シャンパン 샴페인 ・ ウイスキー 위스키 ・ ラム 럼주

표현 UP! 　카페에서 쓰이는 다양한 표현

매장 방문 시 손소독을 부탁드립니다.	ご来店時に、手指の消毒にご協力お願い致します。
메뉴를 보시겠습니까?	メニューをご覧になりますか。
여기서는 식사를 하실 수 없습니다.	こちらではお食事ができません。
더 필요하신 것은 없으십니까?	他にご注文はございますか。
따뜻한 것으로 하시겠습니까?	ホットになさいますか。
디카페인 커피를 부탁합니다.	デカフェのコーヒーをお願いします。
테이크아웃으로 하시겠습니까?	お持ち帰りになさいますか。
저희는 신선한 오렌지 주스만을 제공하고 있습니다.	こちらでは新鮮なオレンジジュースだけをご提供しております。
리필 되나요?	おかわりできますか。
이 잔 좀 바꿔 주시겠어요?	このグラス替えてもらえませんか。
죄송합니다. 지금 즉시 깨끗한 잔으로 갖다드리겠습니다.	申し訳ございません。ただ今、きれいなグラスをお持ち致します。
그렇게 오래 걸리지 않습니다.	そんなに長くかかりません。
흡연 구역이 있나요?	喫煙スペースはありますか。
휴대폰 충전할 수 있을까요?	ケータイの充電はできますか。
콘센트는 그쪽에 있습니다.	コンセントはそこにあります。
카페라떼를 두유로 부탁드려요. 우유 알레르기가 있어서.	カフェラテを豆乳でお願いします。牛乳アレルギーなので。
화장실은 나가셔서 왼쪽으로 가시면 있습니다.	トイレは出て左側に行かれるとございます。

한국의 전통차 얼마나 아시나요?

호텔 로비나 카페에서는 한국의 다양한 전통차를 구비하고 판매하고 있습니다. 향긋한 향을 주는 유자차와 모과차, 감기 기운이 있을 때 마시면 좋은 쌍화차나 생강차, 몸에 에너지를 넣어 주는 인삼차, 대추차 등등….

따뜻한 차를 원하는 외국인 고객에게 취향에 맞는 한국의 전통차를 권해 보는 것은 어떨까요? 지식은 서비스로 이어지고 이때의 자신감 있는 서비스는 스마일로 이어집니다. 여러분은 한국을 대표하는 스마일임을 잊지 마세요!

롯데호텔 부산

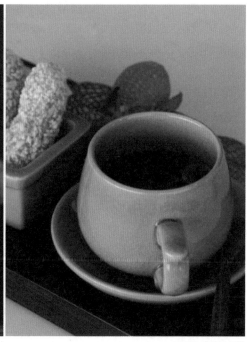

그랜드 하얏트 서울

第5課

ルームサービス

기본회화　룸서비스 주문 받기　◉Track 21

スタッフ　ルームサービスです。ご注文をお受け致します。

客　　　７０２号室です。ちょっと遅くなってしまったのですが、今からでも注文できますか。

スタッフ　はい、ご注文をどうぞ。

客　　　ビール２本と、うな丼一人前、茶碗蒸し一つをお願いします。

スタッフ　うな丼はお時間４０分ほどいただきますが、よろしいでしょうか。

客　　　はい、大丈夫です。

スタッフ　はい。それでは、うな丼と茶碗蒸し、それからビール２本、承りました。できるだけ早くお部屋にお持ち致します。ありがとうございます。

서비스 Tip

룸서비스 조식 메뉴

- ゆで卵 (삶은 달걀), 目玉焼き (달걀 프라이), スクランブルエッグ (스크램블드에그)
- ベーコン (베이컨), ウインナー (비엔나소시지), ソーセージ (소시지)
- トースト (토스트), アップルパイ (애플파이), クロワッサン (크로와상), 食パン (식빵)
- パンケーキ (팬케이크), サンドイッチ (샌드위치), フレンチトースト (프렌치토스트)
- シリアル (시리얼), フライドポテト (프라이드 포테이토), ポテトサラダ (감자 샐러드)

客　　　　　４０分待つと言ってたんだけど…。どうしよう。
　　　　　　早く食べたくてたまらない。

ルームサービス 룸서비스 ・ スタッフ 스태프, 직원 ・ 受ける 받다 ・ ～号室 ~호실 ・ 遅い 늦다
～てしまう ~해 버리다, ~하고 말다 ・ 今から 이제부터, 지금부터 ・ ビール 맥주 ・ うな丼 장어덮밥
茶碗蒸し 계란찜 ・ ～ほど ~정도 ・ できるだけ 가능한 한, 될 수 있으면 ・ ～と ~(라)고 ・ 言う 말하다
～と言ってたんだけど ~라고 하던데 (~と言っていたのだけど의 변형) ・ ～(だ)けど ~하지만, ~인데
どうしよう 어떻게 하지, 어떻게 할까 ・ ～てたまらない ~해서 못 견디겠다, ~해서 못 참겠다

🌐 ～ほど ~정도

「～ほど」는 '~정도'라는 뜻으로, 동작이나 상태의 정도를 예로 들어 나타내는 경우와 양, 크기, 시간, 범위 등이 주어진 그 수치에 근접하거나 동일할 경우에 사용한다. 유사한 표현으로는 「～くらい[ぐらい]」가 있다.

예) 仕事が山ほどある。 일이 산더미처럼 많다.

恋人と別れて、死ぬほど辛かった。 연인과 헤어져 죽을 만큼 괴로웠다.

クリスマスまであと１ヶ月ほどだ。 크리스마스는 앞으로 한 달 정도다.

🌐 お時間～ほどいただきますが 시간이 ~정도 소요됩니다만

「いただく」는 「もらう」의 겸양동사로 기본적으로 '받다'라는 뜻이지만, 여기서는 음식을 준비하는 데 어느 만큼의 시간이 소요된다는 뜻으로 쓰였다.

예) お時間４０分ほどいただきますが、よろしいでしょうか。
시간이 40분 정도 소요됩니다만 괜찮으실까요?

🌐 できるだけ 가능한 한

「できるだけ」는 「できる(할 수 있다)」와 「～だけ(~만큼)」가 결합된 형태이다. 「～だけ」는 한정을 나타내는 '~만'이라는 뜻 외에 정도를 나타내는 '~만큼'이라는 뜻도 있어서, 여기서 「できるだけ」는 '가능한 한'의 뜻이 된다.

예) 玉ねぎをできるだけ細かく切ってください。
양파를 가능한 한 잘게 썰어 주세요.

時間がないので、できるだけ急いでください。
시간이 없으니까 가능한 한 서둘러 주세요.

週末は道が混むからできるだけ早く出発した方がいいです。
주말에는 길이 밀리니까 가능한 한 빨리 출발하는 편이 좋아요.

🎵 사고·행동의 내용을 나타내는 「～と」

「～と」는 여러 가지 용법이 있는데, 그 중 사고나 행동의 내용을 나타내는 격조사로서의 용법도 있다. 우리말로는 '～라고'로 해석할 수 있으며, 「～と話す(～라고 말하다)」「～と言う(～라고 말하다)」「～と聞く(～라고 듣다)」「～と伝える(～라고 전하다)」 등과 같이 주로 '말하다', '듣다'와 관련된 단어와 함께 쓰는 일이 많다.

예 彼は明日学校に行くと言いました。 그는 내일 학교에 간다고 했습니다.

山田さんは出かけたと聞きました。 야마다 씨는 외출했다고 들었습니다.

🎵 ～てたまらない ~해서 견딜 수 없다

「～てたまらない」는 동사, い형용사, な형용사의 て형에 접속하여 본능적이거나 생리적, 그리고 주관적인 감각을 나타낼 때에 사용한다. '너무나 ~해서 견딜 수 없다, 너무 ~해서 참을 수 없다'로 해석한다.

예 今年の夏は暑くてたまらない。 올 여름은 더워서 견딜 수가 없다.

アイスクリームが食べたくてたまらない。 아이스크림이 먹고 싶어서 견딜 수가 없어.

山 산 · 恋人 연인, 사랑하는 사람 · 別れる 헤어지다 · 死ぬ 죽다 · 辛い 괴롭다 · クリスマス 크리스마스
あと 앞으로, 나머지 · ～ヶ月 ~개월 · 玉ねぎ 양파 · 細かい 잘다, 작다 · 切る 자르다, 썰다, 끊다
急ぐ 서두르다 · 週末 주말 · 道が混む 길이 밀리다, 교통이 정체되다 · 出発(する) 출발(하다)
～た方がいい ～하는 편이 좋다 · 話す 말하다, 이야기하다 · 聞く 듣다 · 伝える 전달하다, 전하다
出かける 외출하다 · 今年 올해 · 夏 여름 · アイスクリーム 아이스크림

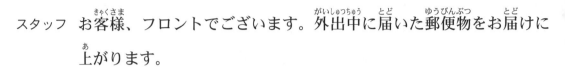

응용회화 1 | 객실 앞에서 　　　　　　　◉ Track 22

スタッフ　お客様、フロントでございます。外出中に届いた郵便物をお届けに
　　　　　上がります。

客　　　　はい、ルームサービスもお願いできますか。

スタッフ　かしこまりました。

客　　　　(잠시 후, 객실 벨소리를 듣고) どちら様ですか。

スタッフ　ルームサービスでございます。お料理と郵便物をお持ちしました。

客　　　　(문을 열어 주며) 中へどうぞ。

スタッフ　お料理はどちらに置きましょうか。

客　　　　窓際の方にお願いします。

スタッフ　(창가 쪽으로 식사 테이블을 놓으며) 他にご用件はございませんか。

客　　　　いいえ、特にありません。

スタッフ　どうぞ、ごゆっくりお過ごし
　　　　　ください。失礼致します。

フロント 프런트　・ 外出中 외출 중　・ 届く 배달되다, 도착하다　・ 届ける 배달하다, 갖다주다　・ 〜に 〜하러
上がる 올라가다, 가다　・ どちら様 누구, 어느 분　・ 〜の方 〜쪽, 〜편　・ (ご)用件 용건　・ 特に 특별히, 특히
過ごす 보내다, 지내다　・ 失礼(する) 실례(하다)

⊕ 「届く」와 「届ける」

자동사인 「届く」는 '닿다, 도착하다, 배달되다'의 뜻이고, 타동사인 「届ける」는 '배달하다, 갖다 주다'의 뜻이다.

예 荷物が届きました。 짐이 도착했습니다.

届いた郵便物はドアの前に置いてください。 배달된 우편물은 문 앞에 놓아 주세요.

この書類を田中部長に届けてもらえますか。 이 서류를 다나카 부장님께 갖다주시겠습니까?

⊕ 동작의 목적을 나타내는 「～に」

「～に」는 '~하러'라는 뜻으로 '오다', '가다', '방문하다' 등의 뜻을 가진 동사와 함께 사용한다.

예 勉強しに図書館へ行きます。 공부하러 도서관에 갑니다.

授業が終わったら食事に行きます。 수업이 끝나면 식사하러 갈 겁니다.

買い物に行ってきます。 장보러 다녀오겠습니다.

⊕ 上がる 가다, 올라가다

「上がる」는 본래 '낮은 곳에서 높은 곳으로 이동을 하여 오르다, 올라가다'라는 뜻으로 쓰이지만, '오다'의 겸양표현인 「参る」와 유사하게 쓰이기도 한다.

예 郵便物をお届けに上がります。 우편물을 갖다드리러 가겠습니다.

 ドア 문 · 部長 부장, 부장님 · 図書館 도서관 · 授業 수업 · 食事(する) 식사(하다) · 買い物 쇼핑, 장보기
行ってきます 다녀오겠습니다

客　氷が必要なんですが、氷を持ってきてくれますか。

スタッフ　お客様、恐れ入りますが、各階に製氷機がございますので、そちらをご利用いただけませんでしょうか。お部屋のミニバーにアイスペールもございます。

客　あ、そうなんですね。分かりました。あ！それから、夕方、友達が来るんですが…。補助ベッドをお願いできますか。

スタッフ　はい、補助ベッドをご用意致します。

客　それは助かります。

スタッフ　ただ、お部屋が狭くなるかもしれませんが、よろしいでしょうか。

客　大丈夫です。すみません。

🔑 氷 얼음 ・ ～てくれる ～해 주다 ・ 恐れ入りますが 죄송합니다만, 송구합니다만 (기본형 恐れ入る)
各階 각 층 ・ 製氷機 제빙기 ・ ご～いただけませんでしょうか ～해 주실 수 있나요? ・ ミニバー 미니바
アイスペール 아이스페일, 얼음통 ・ 補助ベッド 보조 침대 ・ 助かる 도움이 되다, 수월해지다
ただ 다만, 단지 ・ 狭い 좁다 ・ ～かもしれない ～지도 모르다

문법&문형

～てくれますか　~해 주실래요?

「～てくれますか」는 「～てください」보다 완곡한 표현으로 '~해 주실래요?', '~해 주시겠어요?'라고 해석할 수 있다. 「くれる」는 '(남이 나에게) 주다'라는 뜻의 동사이기 때문에 「～てくれる」는 '(남이 나에게) ~해 주다'라는 뜻이 된다. 고객 입장에서 직원에게는 쓸 수 있으나 직원이 고객에게는 절대 쓸 수 없는 표현이므로 주의해야 한다.

예 ちょっと手伝ってくれますか。 좀 도와주실래요?

カバンを運んでくれますか。 가방을 옮겨 주시겠어요?

そこの塩を取ってくれますか。 거기 있는 소금(병)을 집어 주시겠어요?

お～いただけませんでしょうか　~해 주실 수 있을까요?

「いただく」는 '받다'라는 뜻의 「もらう」의 겸양동사이다. 「いただく」의 가능형인 「いただける」를 사용하여 「いただけませんでしょうか」라고 하면 '받을 수 없을까요?'라는 뜻이 되는데, 앞에 「お[ご] + 동사의 ます형이나 한자어」를 넣어 '~해 주실 수 있을까요?'의 뜻으로 사용한다.

예 あちらの機械をご利用いただけませんでしょうか。

저쪽에 있는 기계를 이용해 주시겠습니까?

申し訳ございませんが、こちらを先にご確認いただけませんでしょうか。

죄송합니다만, 이쪽을 먼저 확인해 주시겠습니까?

手伝う 돕다 ・ 塩 소금 ・ 取る 집다, 잡다 ・ 機械 기계

연습문제

I. 보기와 같이 ⓐ와 ⓑ를 밑줄 친 곳에 알맞은 형태로 넣어 말해 보세요.

1. **보기**

   ⓐ ルームサービスをする　　ⓑ ただ今、ご注文を承る

   A：ちょっと遅くなったのですが…。ⓐ ルームサービスをしてもらえますか。

   B：はい。ⓑ ただ今、ご注文を承ります。

   ① ⓐ テレビを直す　　　　　　ⓑ 直ちに修理の者を手配致す
   ② ⓐ シャワータオルを持ってくる　ⓑ ただ今、係の者を行かせる
   ③ ⓐ トイレのドアを開ける　　　ⓑ すぐにスタッフを向かわせる

2. **보기**

   ⓐ 花束を届ける　　ⓑ ええ、お願いする

   A：ⓐ 花束をお届けに上がります。

   B：ⓑ ええ、お願いします。

   ① ⓐ ランドリーを預かる　　　ⓑ はい、お願いする
   ② ⓐ アメニティーを補充する　ⓑ ええ、お願いする
   ③ ⓐ 枕を取り替える　　　　　ⓑ ありがとう。お願いする

ただ今 지금, 현재 ・ テレビ 텔레비전 ・ 直す 고치다 ・ 直ちに 곧, 즉시, 바로 ・ 修理の者 수리할 사람
手配(する) 준비(하다) ・ シャワータオル 샤워 타월 ・ 係の者 담당자 ・ 行かせる 가게 하다 (기본형 行く)
トイレ 화장실 ・ 開ける 열다 ・ 向かわせる (그쪽으로) 가게 하다 (기본형 向かう) ・ 花束 꽃다발
ランドリー 세탁물 ・ アメニティー 어메니티(손님의 편의를 위해 객실 등에 무료로 준비해 둔 각종 소모품 및 서비스 용품)
補充する 보충하다, 채우다 ・ 枕 베개 ・ 取り替える 바꾸다, 교체하다

3.

보기
　　ⓐ プルコギとサムゲタンを注文する　　ⓑ 食べたい

　A : ⓐ プルコギとサムゲタンを注文しました。
　B : 考えただけでも ⓑ 食べたくてたまりません。

① ⓐ ディズニーランドのチケットを予約する　　ⓑ 早く遊びたい
② ⓐ 西ヨーロッパの飛行機のチケットを買う　　ⓑ 早くエッフェル塔が見たい
③ ⓐ 展示会の切符を購入する　　　　　　　　　ⓑ 早く見たい

II. 음원을 듣고 다음 회화문을 완성해 보세요. ⊙ Track 24

1. A ＿＿＿＿＿＿＿＿＿＿＿＿＿＿＿＿＿＿＿をお願いします。

　 B はい、＿＿＿＿＿＿＿＿＿＿＿＿＿＿＿＿＿。

2. A ＿＿＿＿＿＿＿＿＿＿＿＿＿＿＿＿＿＿＿＿＿。

　 B いいえ、特にありません。

　 A ＿＿＿＿＿＿＿＿＿＿＿＿＿＿＿＿＿＿＿＿。失礼致します。

3. A 氷を持ってきてくれますか。

　 B お客様、恐れ入りますが、＿＿＿＿＿＿＿＿＿＿＿＿＿＿＿＿＿、

　　 そちらを＿＿＿＿＿＿＿＿＿＿＿＿＿＿＿＿＿＿＿＿＿＿＿。

プルコギ 불고기 ・ サムゲタン 삼계탕 ・ 考える 생각하다 ・ 〜だけでも 〜만으로도
ディズニーランド 디즈니랜드 ・ チケット 티켓, 표 ・ 遊ぶ 놀다 ・ 西ヨーロッパ 서유럽 ・ 飛行機 비행기
エッフェル塔 에펠탑 ・ 展示会 전시회 ・ 切符 표 ・ 購入(する) 구입(하다)

표현 UP!　　룸서비스에 쓰이는 다양한 표현

룸서비스를 부탁하고 싶은데요.	ルームサービスを頼みたいのですが。
케이크와 꽃을 미리 주문하시면, 체크인 하시기 전에 객실로 올려 드릴 수 있습니다.	ケーキと花をあらかじめご注文いただければ、チェックインなさる前に客室の方へセッティング致します。
지금은 배달 주문이 많아서, 1시간 정도 걸리는데 괜찮으십니까?	今は配達のオーダーが多くて、１時間ほどかかりますが…。よろしいでしょうか。
24시간 룸서비스를 이용하실 수 있습니다.	１日中ルームサービスが利用できます。
30분 내에 가능합니다.	３０分以内に可能です。
물은 무료로 2병을 제공하고 있습니다. 추가로 원하실 경우, 냉장고에 있는 물을 드신 후 비용을 계산하시면 됩니다.	お水は無料で２本を提供しております。さらにご希望の場合、冷蔵庫のお水をご利用になった後、別途ご精算いただければ結構です。
미니바 가격 리스트는 커피 잔 옆에 놓여 있습니다.	ミニバーの価格リストはコーヒーカップの横に置いてあります。
헤어드라이기가 필요한데요.	ドライヤーがほしいのですが。
청소가 되어 있지 않아요.	部屋が掃除されていません。
다 드신 후, 접시와 트레이는 객실 문 앞에 놔 두시면 됩니다.	召し上がった後、お皿とトレーは客室のドアの前に出していただければ結構です。

5성급 호텔이 되려면 24시간 룸서비스는 필수!

룸서비스는 객실로 식사나 음료를 가져다주는 서비스를 말합니다. 그런데, 모든 호텔에서 룸서비스가 가능할까요? 정답은 '아니오'입니다.

객실에서 식사를 느긋하게 즐기기를 원하는 고객, 늦게 호텔에 도착하거나, 이른 비행기 스케줄로 일찍 출발하시는 고객을 위해 호텔은 항상 주방과 서비스 직원을 준비시키고 있는데요, 호텔의 입장에서 보면 '룸서비스'는 그리 수익을 내는 부서가 아닙니다. 오로지 고객의 편의를 위한 서비스 부서인 셈이죠.

국내에서 5성급 호텔이 되는 조건으로 여러 가지가 있지만, 그중 하나로 24시간 '룸서비스 운영'이 있습니다. 4성급이 되려면 최소 12시간 룸서비스를 운영해야만 합니다. 시설이 좋고 서비스가 좋다고 해서 5성급 호텔이 될 수 있는 건 아니라는 것도 알아 두세요.

Part 2
객실부
(Rooms Division)

객실부의 기능

객실부는 프런트 오피스(프런트 데스크, 도어/벨 데스크, 하우스키핑, 런드리, 컨시어지, 당직 데스크 등)와 보안과로 구성되며, 숙박과 관련된 고객들의 모든 편의를 제공하는 부서이다. 호텔에 따라 객실 예약과가 객실부에 속하기도 한다.

• **도어 데스크**(ドアデスク)
  호텔 출입구에서 호텔로 들어오는 차량의 문을 열어 주고, 차량 관리 및 발레파킹 서비스를 제공한다.

• **벨 데스크**(ベルデスク)
  호텔로 들어오는 고객들에게 반갑게 먼저 인사하고 프런트나 객실로 안내하며, 고객의 짐이나 고객 앞으로 온 모든 물건을 객실로 운반한다.

• **프런트 데스크**(フロントデスク)
  객실 체크인/체크아웃, 환전, 호텔 상품권 판매와 고객 상용 프로그램 소개, 우편물 취급 등 객실 고객의 모든 편의를 위한 서비스를 제공한다.

• **이그제큐티브 플로어**(エグゼクティブ・フロア)
  주로 높은 층에 위치하며, 컨시어지(concierge)가 근무하고 있어, 체크인/체크아웃, 미팅 룸 관리, 비서 업무 등으로 고객의 숙박 편의를 도와준다. 이 층에는 라운지가 있어 컨티넨탈 조식과 커피, 차, 쿠키, 저녁엔 해피아워 타임이 있어 와인, 맥주 등 각종 드링크와 안주가 제공된다.

  비즈니스 센터(ビジネスセンター)
  화상 회의나 미팅, 개인별 컴퓨터 사용을 도와주고, 휴대전화와 노트북 대여 서비스를 제공한다. 5성급인 경우 4인실부터 15인실까지 다양한 미팅 룸 시설을 갖추고 있다.

  하우스키핑(ハウスキーピング)
  객실을 정돈하고, 고객이 편안히 머물다 갈 수 있도록 숙박 관련 모든 비품을 관리한다.

  세탁부서(洗濯部署)
  고객의 의류 세탁 뿐만 아니라 호텔에서 나오는 모든 린넨과 타월, 유니폼 세탁 등을 관리한다.

  보안과(保安課)
  고객과 직원의 안전을 책임진다.

第6課

顧客の案内
こきゃく　あんない

기본회화　호텔 현관에서 안내하기　⊙ Track 26

スタッフ　いらっしゃいませ。Hホテルへようこそ。

客
きゃく　　あ！ やっと着きましたね。
　　　　　　　つ

　　　　　　メーターが 63,000ウォンなのに、運転手に 70,000ウォン出せと言わ
　　　　　　　　　　　　　　　　　　　　うんてんしゅ　　　　　　　だ　　　　い
　　　　　　れたんですが、間違いじゃないですか。
　　　　　　　　　　　　まちが

スタッフ　お客様、空港からですと、有料道路を通るので、6,600ウォン余計に
　　　　　　きゃくさま　くうこう　　　　　ゆうりょうどうろ　とお　　　　　　　　　　　よけい
　　　　　　かかります。

客　　　　あ、そうなんですか。

　　　　　　（택시 기사님께）7万ウォンです。おつりは結構です。
　　　　　　　　　　　　　　ななまん　　　　　　　　　　けっこう

スタッフ　お客様、フロントへどうぞ。ご案内致します。
　　　　　　きゃくさま　　　　　　　　　　あんないいた

　　　　　　カバンは全部で3点、お荷物の数は合っていますでしょうか。
　　　　　　　　　　ぜんぶ　　てん　　にもつ　かず　あ

客　　　　はい、そうです。

서비스 Tip

호텔 체크아웃 이후, 늦은 비행기 시간으로 인해 남은 시간 동안 무거운 짐을 가지고 다니며 고생한 경험이 있나
요? 호텔 고객 서비스로 체크아웃 이후 다른 일정이 있을 경우 벨 데스크에 무료로 짐을 보관할 수 있습니다. 일
반적으로 4~6시간 까지는 어려움 없이 가능하고, 호텔 상황에 따라 12시간까지도 호텔에 짐을 맡길 수 있습니
다. 체크아웃 이후 비행기 탑승까지 시간이 많이 남은 경우에 이용해 보시기 바랍니다.

スタッフ　チェックインのお手続_{て つづ}きがお済_すみになりましたら、ベルマンがお部屋_{へ や}

　　　　　までご案内致_{あんないいた}します。

客　　　　ありがとうございます。

ホテル 호텔 ・ ようこそ 환영합니다 ・ やっと 겨우, 간신히 ・ メーター 미터기 ・ 〜なのに 〜인데
運転手 운전기사 ・ 出す 내다, 꺼내다 ・ 間違い 틀림, 잘못됨 ・ 空港 공항 ・ 〜からですと 〜에서부터라면
有料道路 유료도로 ・ 通る 통과하다, 지나다 ・ 余計に 더, 더욱 ・ かかる 걸리다, 들다 ・ おつり 거스름돈
結構だ 괜찮다 ・ 〜点 〜점, 〜개 ・ 数 개수, 수 ・ 合う 맞다, 일치하다 ・ チェックイン 체크인
手続き 수속 ・ 済む 끝나다, 완료되다 ・ ベルマン 벨맨

🌐 ～なのに ~인데

「～なのに」는 명사나 な형용사 등에 붙어 '~임에도 불구하고', '~인데'의 뜻을 나타낸다. 동사나 い형용사에 접속할 때는 「な」 없이 「～のに」의 형태로 접속한다.

예 春なのにまだ寒い。
봄인데 아직 춥다.

このラーメンは高いのにあまりおいしくない。
이 라멘은 비싼데 별로 맛있지 않다.

🌐 명령형 「～e」「～ろ」

동사의 명령형은 1그룹 동사는 어미를 う단에서 え단으로 바꾸고, 2그룹 동사는 어미를 ろ로 바꾸면 된다. 표를 통해 접속 방법을 살펴보자.

동사 종류	동사 예	접속 방법	접속 예
1그룹	行く 가다 飲む 마시다	어미 う단→え단	行け 가라, 가 飲め 마셔라, 마셔
2그룹	食べる 먹다	어미 る→ろ	食べろ 먹어라, 먹어
3그룹	来る 오다 する 하다	불규칙	来い 와라, 와 しろ 해라, 해

예 70,000ウォンを出せと言いました。
7만 원을 내라고 했습니다.

早く行け！
빨리 가!

もう7時だよ。起きろ！
벌써 7시야. 일어나!

수동형 「~れる」「~られる」

수동형이란 내 의지와 상관없이 누군가가 행동함으로 인해 피해를 입거나 원하지 않는 일이 일어나는 것을 표현할 때 사용하는 형태이다. 꼭 피해를 입지 않더라도 일본어에서는 수동형이 쓰이는 일이 많으므로 꼭 알아 두어야 한다.

동사 종류	동사 예	접속 방법	접속 예
1그룹	叱る 혼내다 盗む 훔치다	어미 う단→あ단 + れる	叱られる 혼나다 盗まれる 도둑맞다
2그룹	食べる 먹다	어미 る 삭제 + られる	食べられる 먹히다
3그룹	来る 오다 する 하다	불규칙	来られる (내 의지와 상관없이 다른 사람이) 오다 される (내 의지와 상관없이 다른 사람이) 하다, 당하다

※ 단, う로 끝난 동사는 어미를 わ로 바꾸고 れる를 접속한다.

㉠ 有名な歌手に似ていると言われました。 유명한 가수를 닮았다는 말을 들었습니다.
　　私が買っておいたケーキを弟に食べられました。 내가 사 놓은 케이크를 남동생이 먹었습니다.

순접의 가정 조건을 나타내는 「~と」

「~と」에는 여러 가지 용법이 있는데 본문에서는 순접의 가정 조건을 나타내는 의미로 쓰여 우리말의 '~라면', '~하면'으로 해석된다. 대개 활용어의 종지형에 접속하며 완료의 조동사 「た」에는 접속하지 않는다. 회화문에서는 「~ですと」의 형태로 쓰였는데, 이것은 「~だと」의 정중한 표현이다.

㉠ 空港からですと2時間ぐらいかかります。 공항에서부터라면 2시간 정도 걸립니다.
　　英語で言うとどうなるだろう。 영어로 말하면 어떻게 될까?

春 봄 ・ ラーメン 라멘 ・ 高い 비싸다 ・ ~のに ~한데 ・ あまり 별로 ・ 叱る 혼내다 ・ 盗む 훔치다
有名だ 유명하다 ・ 歌手 가수 ・ 似る 닮다, 비슷하다 ・ ~ておく ~해 두다 ・ 弟 남동생 ・ ~ぐらい ~정도
英語 영어 ・ なる 되다 ・ ~だろう ~일까?, ~할까?

スタッフ　（체크인 수속을 마친 후에）中村様、今ご覧になっているところがロビーラウ
　　　　ンジでございます。夜１２時まで営業しております。

　　　　（엘리베이터 안에서）地下１階にはスパとプール、そして、フィットネスジ
　　　　ムがございます。朝食は１階のカフェで午前７時からお召し上がり
　　　　になれます。中村様、お先にお降りいただけますか。お降りになっ
　　　　て、左側の方へお進みください。

　　　　（객실 앞에서）ドアを開ける時は、こちらの取っ手の上にあるボタンを先
　　　　に押して、ルームキーをボタンの上に当てますと、緑色の明かりが
　　　　付いてドアが開きます。

　　　　（객실 안에서）お荷物はどちらに置きましょうか。

客　　　ベッドの横に置いてください。

ところ 장소, 곳 ・ ロビーラウンジ 로비 라운지 ・ 営業(する) 영업(하다) ・ 地下１階 지하 1층
プール 수영장 ・ フィットネスジム 피트니스 짐 ・ 朝食 조식 ・ 午前 오전 ・ 降りる 내리다 ・ 左側 좌측
進む (앞으로) 나아가다 ・ 取っ手 손잡이 ・ 上 위 ・ ボタン 버튼 ・ 押す 누르다 ・ ルームキー 방 열쇠
当てる 대다 ・ 緑色 초록색 ・ 明かり 불빛, 불 ・ 付く 붙다, 켜지다 ・ ベッド 침대 ・ 横 옆

お～になれます ~하실 수 있습니다

「お[ご]～になる」는 3과 응용회화1에서 배운 '~하시다'라는 표현이다. 「お[ご]～になれます」는
「なる」의 가능형 「なれる」를 사용한 표현으로 '~하실 수 있습니다'라는 뜻이 된다.

예 朝食は午前7時からお召し上がりになれます。

아침 식사는 오전 7시부터 드실 수 있습니다.

こちらのエレベーターは、ただ今、修理中ですので、明日からご利用になれます。

이쪽 엘리베이터는 지금 수리 중이어서 내일부터 이용하실 수 있습니다.

お～いただけますか ~해 주시겠습니까?

「お～いただけますか」는 「～ていただけますか」보다 더 정중한 표현이다. 「お[ご]+동사의 ま
す형[한자어] + いただけますか」의 형태로 사용한다.

예 お先にお降りいただけますか。

먼저 내려 주시겠습니까?

こちらのパソコンをご利用いただけますか。

이 컴퓨터를 이용해 주시겠습니까?

エレベーター 엘리베이터 ・ 修理中 수리 중 ・ パソコン 컴퓨터, PC

スタッフ (객실 앞에서) お客様、ベルサービスです。

お部屋の中に入ってもよろしいでしょうか。当ホテルでの滞在はお

楽しみになれましたか。

客 　はい。ゆっくりできて、楽しかったです。

スタッフ それはよかったです。チェックアウトなさる前にお荷物をお預かり

致します。こちらはお荷物のタグでございます。1階のベルデスク

でお荷物とお引き換えください。

それでは、お先にお荷物をお運び致します。

ベルサービス 벨 서비스 ・ 入る 들어가다 ・ 当ホテル 당 호텔, 저희 호텔 (자신이 근무하는 호텔을 낮춰서 나타낸 말)
滞在 체재, 체류 ・ 楽しむ 즐기다 ・ 楽しい 즐겁다 ・ チェックアウト 체크아웃 ・ タグ 태그, (제품의) 꼬리표
ベルデスク 벨 데스크 ・ 引き換える 바꾸다

当〜 당~, 저희~

「当〜」는 직접 해당되는 일이나 사람을 나타내는 연체사로 '당~', '해당~', '이~', '저희~' 등으로
해석된다.

(예) 当ホテルでの滞在はお楽しみになれましたか。 저희 호텔에서의 체류는 즐거우셨습니까?

当図書館の最新情報をご紹介します。 당 도서관의 최신 정보를 소개합니다.

동사 「楽しむ」와 い형용사 「楽しい」

동사 「楽しむ(즐기다)」와 い형용사 「楽しい(즐겁다)」, 그리고 な형용사의 명사형 「楽しみ(즐거움, 재
미)」는 활용되었을 때의 형태가 비슷하게 생겼기 때문에 활용할 때 헷갈리기 쉬운 단어들이다. 본
문의 「お楽しみになれましたか」는 「お〜になる」 문형에 동사 「楽しむ」의 ます형인 「楽しみ」
가 접속된 것이며, 「お〜になる」의 가능형인 「お〜になれる」의 형태가 된 것이다. 한 회화문 안
에 동사와 형용사가 함께 나왔으니 혼동하지 않도록 확실하게 익혀 두도록 하자. 본문에는 나오지
않았지만 な형용사 「楽しみだ」는 주로 「楽しみにしている(기대하고 있다)」, 「楽しみだ(기대가 된
다)」 등의 형태로 쓰인다는 것도 알아 두자.

(예) 彼は独身生活を楽しんでいます。 그는 독신 생활을 즐기고 있습니다.

昨日は家族みんなで楽しい時間を過ごしました。 어제는 가족 모두와 즐거운 시간을 보냈어요.

先週のパーティーは本当に楽しかった。 지난주 파티는 정말 즐거웠어.

来月の海外旅行を楽しみにしています。 다음달에 갈 해외여행을 기대하고 있습니다.

最新情報 최신 정보 ・ 紹介(する) 소개(하다) ・ 楽しみ 즐거움, 재미 ・ 楽しみだ 기대가 되다, 즐거움이다
独身生活 독신 생활 ・ 昨日 어제 ・ みんなで 다 같이 ・ 先週 지난주 ・ パーティー 파티 ・ 来月 다음달
海外旅行 해외여행

I. 보기와 같이 ⓐ와 ⓑ를 밑줄 친 곳에 알맞은 형태로 넣어 말해 보세요.

1.

> **보기**
>
> ⓐ 遊園地に行く　　ⓑ 時間が変更になる
>
> A : ⓐ 遊園地に行く予定ですか。
>
> B : はい。そうなんですが、ⓑ 時間が変更になっています。

① ⓐ 放送局を訪問する　　　ⓑ 出張と重なる

② ⓐ キャンプ場を予約する　　ⓑ 予約人数が増える

③ ⓐ 博物館を見学する　　　ⓑ スケジュールが変わる

2.

> **보기**
>
> ⓐ 荷物の数　　ⓑ 案内する
>
> A : ⓐ お荷物の数は合っていますでしょうか。
>
> B : はい、合っています。
>
> A : このあとはスタッフが ⓑ ご案内致します。

① ⓐ 演説文の数　　　　ⓑ 説明する

② ⓐ 講演者の人数　　　ⓑ 紹介する

③ ⓐ 出演者の名前　　　ⓑ 案内する

遊園地 놀이공원, 유원지 · 変更になる 변경이 되다 · 予定 예정 · 放送局 방송국 · 訪問(する) 방문(하다)
出張 출장 · 重なる 겹치다 · キャンプ場 캠핑장 · 人数 인원수 · 増える 늘다, 증가하다 · 博物館 박물관
見学(する) 견학(하다) · このあとは 이 다음은, 나머지는 · 演説文 연설문 · 講演者 강연자 · 出演者 출연자

3.

보기

ⓐ 入院中　　ⓑ 見かけない

A：横山さんは ⓐ 入院中なんです。

B：だから ⓑ 見かけなかったんですね。

① ⓐ 海外旅行中　　　　ⓑ 会えない

② ⓐ 来れない　　　　　ⓑ 返事がこない

③ ⓐ 受賞した　　　　　ⓑ 嬉しい

II. 음원을 듣고 다음 회화문을 완성해 보세요. 🎧 Track 29

1. A _____。

　　B　ベッドの横に置いてください。

2. A _____。

　　B　はい。_____、楽しかったです。

3. A _____前に_____。

　　B　ありがとう。

入院中 입원 중 ・ 見かける 눈에 띄다, 만나다 ・ 横山 요코야마〈인명〉 ・ 海外旅行中 해외여행 중
会えない 못 만나다 (기본형 会う) ・ 来れない 못 오다 (기본형 来る) ・ 返事 답장, 답변 ・ 受賞(する) 수상(하다)
嬉しい 기쁘다

표현 UP! | 벨 데스크에서 쓰이는 다양한 표현

마스크를 착용해 주시겠습니까?	マスク着用にご協力ください。
물건을 들어 드리겠습니다.	お荷物をお持ち致します。
저희 호텔을 이용해 주셔서 대단히 감사합니다.	私どものホテルをご利用いただきまして、誠にありがとうございます。
어느 나라에서 오셨습니까?	どちらのお国からいらっしゃいましたか。
이 방입니다.	こちらのお部屋でございます。
여행 가방은 어디다 놓을까요?	スーツケースはどちらに置きましょうか。
전기를 켜는 방법과 커튼을 걷는 방법을 가르쳐 드릴까요?	電気のスイッチとカーテンの開け方をご説明致しましょうか。
온도 조절기를 끄겠습니다.	温度コントローラーをオフにします。
모든 요금은 체크아웃 할 때에 계산됩니다.	すべての料金はチェックアウトの時に、計算されます。
여기에 가격 리스트가 있습니다.	こちらにお値段のリストがございます。
다른 볼 일이 있으시면, 프런트로 연락 주십시오.	他にご用がございましたら、フロントにご連絡ください。
좋은 시간 되시길 바랍니다.	ごゆっくりお寛ぎください。

쉬어가기

베테랑 컨시어지의 상징 '레클레도어'

호텔 로비나 EFL(Executive Floor Lounge) 층에서 근무하는 직원 중에 가끔 유니폼 왼쪽 상단에 두 개의 황금 열쇠가 교차된 모양인 '레클레도어(Les Clefs D'Or)' 배지를 단 직원을 볼 수 있는데요. 이 배지는 세계 컨시어지협회의 심사를 통과한 베테랑 컨시어지임을 나타냅니다.

이 '레클레도어' 배지는 호텔 근무 경력이 5년 이상이고 컨시어지 근무 경력이 3년 이상으로, 호텔리어로서 엄격한 심사를 통과해야만 취득할 수 있는 배지이기 때문에, 이 배지를 달고 있는 직원을 보면 '이 분야에서는 전문가구나'라고 생각하셔도 됩니다.

第7課

フロントデスク① 客室のチェックイン

 **기본회화** 객실 체크인 하기 （⊙ Track 31

スタッフ　いらっしゃいませ。Hホテルへようこそ。お客様、チェックインで
　　　　ございますか。お名前をお伺いしてもよろしいですか。

客　　　田中、T-A-N-A-K-Aです。

スタッフ　恐れ入りますが、パスポートを見せていただけますか。
　　　　（여권을 받으며）ありがとうございます。今日から2泊、一般客室、キン
　　　　グサイズのベッドでご予約されていますが、以上でよろしいでしょ
　　　　うか。

客　　　はい、そうです。あのう、できるだけ上の階の部屋をお願いします。

スタッフ　はい。ただ今、高層階の客室が空いていますので、ご用意致します。
　　　　（숙박 카드의 객실 요금과 서명란을 가리키며）お客様、こちらが客室の価格でござ
　　　　います。こちらにサインいただけますか。

客　　　ここにサインすればいいんですね。

スタッフ　はい。お支払いの方法はいかがなさいますか。

客　　　（신용카드를 건네며）カードでお願いします。

84

スタッフ　ありがとうございます。(객실 키를 건네며) 田中様、こちらが (손으로 가리키며)
　　　　客室番号とお部屋の鍵でございます。

客　　　すべての手続きが終わってから、部屋の方へ荷物を持ってきてくれ
　　　　るんですね。

スタッフ　はい、お荷物は後ほど係の者がお部屋にお持ち致します。何かござ
　　　　いましたら、いつでもお気軽にフロントにお電話ください。どうぞ
　　　　ごゆっくりお過ごしくださいませ。

田中、TANAKAです。

フロントデスク 프런트 데스크 ・ パスポート 여권 ・ 2泊 2박 ・ 一般 일반 ・ キングサイズ 킹사이즈
以上 이상 ・ 階 층 ・ 高層階 고층 ・ 空く 비다 ・ 価格 가격 ・ サイン 사인 ・ 支払う 지불하다 ・ 方法 방법
いかがなさいますか 어떻게 하시겠습니까? ・ 鍵 열쇠 ・ すべての 모든 ・ 〜てから 〜고 나서
後ほど 나중에 ・ (お)気軽に 부담없이, 편하게 ・ お〜くださいませ 〜해 주시기 바랍니다

문법&문형

以上(いじょう)でよろしいでしょうか (제가 확인한 내용이) 맞습니까?

「以上(いじょう)でよろしいでしょうか」는 고객에게 예약 내용이나 주문 내용을 확인할 때 쓰는 표현으로 먼저 내용을 말한 후 '(제가 확인한 내용이) 맞습니까?'라는 뜻으로 마무리할 때 쓴다.

예 ご注文(ちゅうもん)は以上(いじょう)でよろしいでしょうか。

　　주문하신 이것이 맞습니까?(=더 주문하실 것은 없습니까?)

가정형 「〜ば」

'〜(하)면', '〜(이)면'이라는 가정의 뜻을 나타낼 때는, 동사, 형용사에 접속조사 「ば」를 붙여 가정형을 만드는데, 품사별, 동사의 종류별로 접속 방법을 살펴보자.

품사(동사 종류)		단어 예	접속 방법	접속 예
동사	1그룹	行(い)く 가다 飲(の)む 마시다	어미 う단→え단 + ば	行(い)けば 가면 飲(の)めば 마시면
	2그룹	食(た)べる 먹다		食(た)べれば 먹으면
	3그룹	来(く)る 오다 する 하다	불규칙	来(く)れば 오면 すれば 하면
い형용사		おいしい 맛있다	어미 い 삭제 + ければ	おいしければ 맛있으면
な형용사		きれいだ 예쁘다	어간 + であれば	きれいであれば 예쁘면

예 いくら払(はら)えばいいですか。 얼마 지불하면 되나요?

　　どこに書(か)けばいいですか。 어디다 쓰면 되나요?

　　どうやって行(い)けばいいですか。 어떻게 가면 되나요?

　　できれば窓際(まどぎわ)の席(せき)をお願(ねが)いします。 가능하면 창쪽 자리를 부탁합니다.

🌐 いかがなさいますか 어떻게 하시겠습니까?

「いかがなさいますか」는「する」의 존경동사「なさる」를 사용한 표현으로「どうしますか」를 정중하게 표현한 것이다.「する」의 겸양동사「いたす」를 사용한「いかがいたしますか」와 혼동하지 않도록 주의해야 한다.「いたす」는 자기를 낮춘 표현이기 때문에 고객에게 사용할 수 없는 표현이다. 만일 '저희 쪽에서 어떻게 해 드릴까요?'라는 뜻으로 사용한다면「いかがいたしましょうか」의 형태로 쓸 수는 있다.

㈜ お支払いの方法はいかがなさいますか。 지불 방법은 어떻게 하시겠습니까?

　　お会計はいかがなさいますか。 계산은 어떻게 하시겠습니까?

🌐 〜てから ~고 나서

「동사의 て형 + てから」의 형태로 앞의 동작이나 일이 끝난 후에 뒤의 다른 동작이나 일이 작용되는 진행 순서 또는 어떤 작용이 이루어진 전후를 나타낼 때 사용한다. '~한 다음', '~하고 나서'의 의미를 나타내며, 이와 유사한 문형으로는「〜た後(~한 후)」가 있다.

㈜ 弟は宿題をしてから遊びに出かけた。 동생은 숙제를 하고 나서 놀러 나갔다.

　　実験が終わってから論文ばかり見ている。 실험이 끝난 후부터 계속 논문만 보고 있다.

払う 지불하다 ・ (お)会計 계산, 정산 ・ 宿題 숙제 ・ 〜に ~하러, ~하기 위해 ・ 実験 실험 ・ 論文 논문
〜ばかり ~만, ~뿐

スタッフ 田中様、チェックアウトの日に空港行きのホテルリムジンをご予約

なさいますか。

客 リムジンバスで行く予定ですが、ここを何時に出発すればいいですか。

スタッフ 飛行機の時間によりますが、３時間前のバスにお乗りいただければ

余裕をもって到着できると存じます。何時のフライトでいらっしゃ

いますか。

客 ＣＸ－４１１で、４時１０分に出発です。

スタッフ それでしたら、ホテルを１時にご出発なさるのがよろしいかと存じ

ます。フロントでバスのチケットを16,000ウォンで販売しておりま

すが、チェックアウトの際にもご購入いただけます。

空港行き 공항행 ・ 〜行き 〜행 ・ ホテルリムジン 호텔 리무진 ・ リムジンバス 리무진 버스 ・ 何時 몇 시
〜ばいいですか 〜(하)면 될까요? ・ 〜による 〜에 따르다, 〜에 달리다 ・ 乗る 타다
お〜いただければ 〜(하)시면 ・ 余裕 여유 ・ 到着(する) 도착(하다) ・ 〜と存じる 〜라고 생각하다
フライト 항공편, 항공기 ・ それでしたら 그렇다면 ・ 販売(する) 판매(하다) ・ 〜の際に 〜때에

～ばいいですか ~하면 될까요?

「동사의 가정형 + ば + いいですか」의 형태로 '~하면 될까요?', '~하면 좋을까요?'라는 뜻을 나타낸다.

- 예 何時に出発すればいいですか。 몇 시에 출발하면 될까요?

  どこで待てばいいですか。 어디에서 기다리면 될까요?

～によります ~에 달렸습니다, ~에 따라 다릅니다

「명사 + に + よる」는 '~에 달리다', '~에 따르다'의 뜻인데, 「～によります」의 형태로 '~에 따라 다릅니다'라는 뜻이 된다.

- 예 飛行機の時間によります。 비행기 시간에 따라 다릅니다.

  それはパソコンのバージョンによります。 그것은 컴퓨터 버전에 따라 다릅니다.

～と存じます ~라고 생각합니다

「存じる」는 「思う(생각하다)」「知る(알다)」의 겸양동사이다. 주로 「～と存じます」「～かと存じます」의 형태로 '~라고 생각합니다', '~하지 않을까 합니다' 등의 뜻을 나타낸다.

- 예 こちらの資料をお読みいただければ、お分かりになるかと存じます。
  이 자료를 읽으시면 이해하실 수 있을 거라고 생각합니다.

  お忙しいとは存じますが、なにとぞご検討くださいませ。
  바쁘신 줄은 압니다만, 부디 검토 부탁드립니다.

バージョン 버전 ・ 思う 생각하다 ・ 知る 알다 ・ 資料 자료 ・ 忙しい 바쁘다 ・ 検討(する) 검토(하다)

スタッフ　いらっしゃいませ。ご予約のお客様ですか。

客　　　　二日間ほど宿泊したいんですが、予約はしていません。

スタッフ　空室状況をお調べ致しますので、少々お待ちください。

　　　　　(확인 후) お待たせ致しました。ちょうどデラックスルームのご案内が

　　　　　可能でございます。料金は１泊２７万ウォンで、税金１０％とサー

　　　　　ビス料１０％が別途加算されます。こちらのお部屋をご用意致しま

　　　　　しょうか。鈴木様、他にご希望はございますか。

客　　　　いいえ、大丈夫です。その部屋にします。支払いは、現金でもいい

　　　　　ですか。

スタッフ　はい、可能でございます。

予約はしていません。

二日間 이틀간　・宿泊(する) 숙박(하다)　・空室 공실, 빈 방　・状況 상황　・調べる 조사하다
デラックスルーム 디럭스룸　・可能だ 가능하다　・料金 요금　・1泊 1박　・税金 세금　・サービス料 봉사료
別途 별도　・加算(する) 가산(하다)　・～される ～되다　・～にする ～로 하다　・現金 현금
～でもいいですか ～라도 괜찮습니까?

문법&문형

🔹 〜される ~되다

「〜する(~하다)」로 끝난 타동사를 「〜される」의 형태로 바꾸면 '~되다'의 뜻이 된다.

例 数字を入力すれば、自動的に計算される。 숫자를 입력하면 자동으로 계산된다.

この図書館は一般の人に開放されています。 이 도서관은 일반인에게 개방되어 있습니다.

🔹 〜でもいいですか ~라도 괜찮습니까?

「〜でもいいですか」는 명사에 연결하여 '~라도 괜찮습니까?', '~이라도 되나요?'의 뜻으로 쓰는 표현인데, 화자가 어떤 행동을 하기 전에 상대방에게 허락을 구하는 표현이다. 더 정중하게 물어볼 때는 「〜でもよろしいでしょうか」라는 표현을 사용한다는 것도 알아 두자. 동사에 연결할 경우는 「동사의 て형+てもいいですか」의 형태가 되어 '~해도 괜찮습니까?'의 뜻이 된다. 어떤 동작을 행하지 않는 것에 대해 허락을 구할 때는 '~하지 않아도 되나요?'의 뜻으로 「〜なくてもいいですか」와 같이 부정어를 활용해 표현한다.

例 お会計は、現金でもいいですか。 계산은 현금으로 해도 되나요?

支払いはカードでもいいですか。 지불은 카드로 해도 되나요?

トイレを使ってもいいですか。 화장실을 사용해도 됩니까?

本当にこれをもらってもいいですか。 정말 이것을 받아도 괜찮습니까?

私は行かなくてもいいですか。 저는 안 가도 되나요?

数字 숫자 ・ 入力(する) 입력(하다) ・ 自動的に 자동으로, 자동적으로 ・ 計算(する) 계산(하다)
一般の人 일반인 ・ 開放(する) 개방(하다) ・ 〜ても ~해도 ・ 使う 사용하다

I. 보기와 같이 ⓐ와 ⓑ를 밑줄 친 곳에 알맞은 형태로 넣어 말해 보세요.

1. 보기

　ⓐ パスポートを見せる　　ⓑ チェックインの手続きが終わる

　A : ⓐ パスポートを見せていただけますか。

　B : はい、こちらです。

　A : ⓑ チェックインの手続きが終わりました。

① ⓐ サインした紙を見せる　　ⓑ チェックアウトの手続きが終わる
② ⓐ チケットを見せる　　　　ⓑ チケットの確認が終わる
③ ⓐ 身分証明書を見せる　　　ⓑ 書類のチェックが終わる

2. 보기

　ⓐ お支払い　　ⓑ カードで払う

　A : ⓐ お支払いはいかがなさいますか。

　B : うーん、ⓑ カードで払います。

① ⓐ お支払い　　　　　ⓑ 現金で払う
② ⓐ 交通便　　　　　　ⓑ タクシーで行く
③ ⓐ お飲み物　　　　　ⓑ 食事の後で飲む

紙 종이・確認 확인・身分証明書 신분증명서・チェック 체크, 확인・うーん 음…・交通便 교통편
タクシー 택시・～の後で ～후에

3.

```
보기
  ⓐ授業が終わる    ⓑバイトに行く

  A：ⓐ授業が終わってから、ⓑバイトに行きます。

  B：はい、分かりました。
```

① ⓐ手続きが終わる   ⓑ荷物を持ってくる

② ⓐ資料をまとめる   ⓑ会議に入る

③ ⓐスーパーに寄る   ⓑ家に帰る

Ⅱ. 음원을 듣고 다음 회화문을 완성해 보세요. ⊚ Track 34

1. A　それでしたら、ホテルを１時に_____。

   B　そうですか。ありがとうございます。

2. A　お客様、こちらが客室の価格でございます。

   　　_____。

   B　カードでお願いします。

3. A　料金は１泊２７万ウォンで、_____。

   B　お会計は、現金でもいいですか。

バイト 아르바이트 ・ まとめる 정리하다 ・ スーパー 슈퍼마켓 ・ 寄る 들르다

표현 UP! 체크인 상황에서 쓰이는 다양한 표현

개인정보제공 동의서에 사인해 주시겠습니까?	個人情報取扱同意書にサインいただけますでしょうか。
환전하시겠습니까?	両替なさいますか。
얼마나 환전하시겠습니까?	おいくら両替致しましょうか。
여기서는 달러로 환전이 되지 않습니다.	こちらではドルに換えることはできません。
공항에 가시면 환전이 가능합니다.	空港でしたら、換えることができます。
언제까지 묵으시겠습니까?	いつまでお泊まりになりますか。
어떤 타입의 방을 원하십니까?	どんなタイプのお部屋になさいますか。
숙박카드에 기입 부탁합니다.	こちらの宿泊カードにご記入お願い致します。
지불은 어떻게 하시겠습니까?	お支払いはどうなさいますか。
비자, 아메리칸 익스프레스, BC, JCB, 마스터 카드 등이 사용 가능합니다.	ビザ、アメリカンエクスプレス、ビーシー、ジェイシービー、マスターカードなどがお使いになれます。
그 정도로 시간은 걸리지 않습니다.	それほどお時間はかかりません。
여기에 사인 부탁드립니다.	こちらにサインをお願いします。
피트니스 센터와 수영장은 무료로 이용하실 수 있습니다.	フィットネスセンターとプールは無料でご利用できます。
사우나는 만 원에 이용하실 수 있습니다.	サウナは一万ウォンでご利用になれます。

객실 체크인 시의 서비스 팁!

같은 객실이더라도, 객실 요금은 언제 예약을 했는지에 따라 요금이 다르게 책정됩니다. 이것은 예약할 당시의 숙박 비율(Occupancy Rate)에 따라 객실 요금이 변동이 되기 때문이지요.

그래서 체크인 시 객실 요금은 말로 하지 않고 프린트된 요금을 손으로 가리키며 "고객님이 예약하신 객실 타입은 디럭스 룸이고, 객실 요금은 1박 당 (손가락으로 짚으며) 이 요금입니다"라고 확인하는 것이 좋습니다.

또한, 고객의 안전을 위하여 객실 번호는 체크인 시 말하지 않으며, 숙박카드에 적어서 안내해 드리는 것이 좋습니다.

フロントデスク② 客室のチェックアウト

기본회화　객실 체크아웃 하기　　　　　　　◉ Track 36

スタッフ　チェックアウトでございますか。

客　　　はい、ルームキーです。

スタッフ　(확인 후) ご滞在中、ご不便な点はございませんでしたか。

客　　　はい。静かで客室もきれいだったし、お食事もおいしかったです。

　　　　それにスタッフのおもてなしも最高で、ゆっくりくつろげました。

スタッフ　さようでございますか。それは何よりでございます。

　　　　ところで、ミニバーはご利用になりましたか。

客　　　いいえ。映画を見るついでにミニバーの飲み物も飲みたかったんで

　　　　すが、なかなか時間が取れなかったので、何もできませんでした。

서비스 Tip

「こと」「もの」「の」는 한국어로 모두 '것'이라고 해석하는데, 행동에 대해서는 「こと」를 쓰고 '것' 또는 '일'이라고 해석할 수 있고, 물건에 대해서는 「もの」를 쓰고 '것' 또는 '물건'이라고 해석할 수 있습니다. 「こと」는 한자로 「事」, 「もの」는 한자로 「物」로 표기하기도 하는데요, 「飲む(마시다)」와 함께 쓰인 경우를 예로 들어 본다면, 「飲むこと」는 '마시는 것, 마시는 일, 마시는 행위'가 되며, 「飲むもの」는 '마시는 것, 마실 것, 음료'가 됩니다. 그래서 명사화된 「飲み物」는 '마실 것, 음료'라는 뜻이 됩니다. 그리고 「こと」와 「もの」를 간단하게 「の」로 바꿔 쓸 수도 있어요.

スタッフ　はい、かしこまりました。(영수증을 프린트한 후) 田中様、内訳の確認をお

願い致します。お支払いはいかがなさいますか。

客　　　(신용카드를 건네며) このビザカードでお願いします。

スタッフ　ありがとうございます。こちらにサインをお願いします。こちら領

収証でございます。

~中 ~중　・不便だ 불편하다　・点 점, 사항　・それに 게다가　・おもてなし 대접, 서비스
最高だ 최고다　・くつろげる 느긋하게 쉴 수 있다 (기본형 くつろぐ)　・ところで 그런데
~ついでに ~하는 김에　・なかなか 좀체로, 좀처럼　・内訳 내역　・ビザカード 비자 카드　・領収証 영수증

第8課 フロントデスク② 客室のチェックアウト　**97**

문법&문형

🌐 何(なに)よりでございます 무엇보다 기쁩니다

「何(なに)よりです」 또는 더 정중한 표현인 「何(なに)よりでございます」는 '무엇보다 기쁘다', '더할 나위 없이 좋다'는 뜻으로 상대방의 좋은 상황이나 기쁨에 공감하여 자신의 기쁜 마음을 나타낼 때 쓰는 표현이다.

> 🔹 お元気(げんき)そうで何(なに)よりです。
> 건강하신 것 같아 무엇보다 기쁩니다.
>
> 無事(ぶじ)に帰国(きこく)されたそうで、何(なに)よりでございます。
> 무사히 귀국하셨다니 무엇보다 다행입니다.

🌐 ところで 그런데, 그건 그렇고

「ところで」는 '그런데', '그건 그렇고'라는 뜻으로 일단 말을 끊고, 지금까지와는 다른 화제로 바꾸거나 지금 하고 있는 이야기와 관련된 사항을 첨가하거나 대비시켜 서술할 때 쓰는 말이다.

> 🔹 やっとテストが終(お)わりましたね。ところで、夏休(なつやす)みはどうするんですか。
> 드디어 시험이 끝났네요. 그런데, 여름 방학에는 어떻게 할 거예요?
>
> お疲(つか)れ様(さま)でした。ところで、山田(やまだ)さんは最近(さいきん)見(み)かけませんね。
> 수고하셨습니다. 그런데, 야마다 씨는 요즘 안 보이네요.
>
> ルームナンバーは３０５です。ところで、朝食(ちょうしょく)は何時(なんじ)からですか。
> 방 번호는 305입니다. 그런데, 조식은 몇 시부터인가요?

서비스 Tip

지불 방법에 대한 일본어를 알아 둡시다.

- 現金(げんきん) (현금) = キャッシュ
- ドル (달러), ユーロ (유로), 円(えん) (엔화), ウォン (한화)
- クレジットカード (신용카드) = カード
- カード分割払(ぶんかつばら)い (카드 할부), 何回払(なんかいばら)い (몇 개월 할부)
- 送金(そうきん) (송금) = 振込(ふりこ)み, 口座番号(こうざばんごう) (계좌번호)
- 違約金(いやくきん) (위약금), 追加料金(ついかりょうきん) (추가 요금), 前払(まえばら)い (선결제, 선불), 後払(あとばら)い (후결제, 후불)
- 税金(ぜいきん) (세금)

🌀 ～ついでに ~하는 김에

「ついでに」는 문장의 첫머리에 쓰일 경우에는 '그 기회를 이용하여'라는 뜻으로 쓰이며, 활동의 의미를 갖는 명사나 동사에 연결하여 쓸 때는 '본래의 목적에 덧붙여 추가로 다른 행위도 한다'는 의미를 나타낸다. 「명사 + のついでに」「동사의 기본형 + ついでに」의 형태로 접속한다.

例 バレンタインチョコを作るついでにもう一つ作りました。
발렌타인 초콜릿을 만드는 김에 하나 더 만들었어요.

久しぶりに外出したついでに映画も見たよ。
모처럼만에 외출한 김에 영화도 봤어.

買い物のついでに図書館へ行って本を借りて来た。
장보러 나간 김에 도서관에 가서 책을 빌려 왔다.

🌀 なかなか 좀처럼

「なかなか」는 본래 '꽤, 상당히, 좀처럼'의 뜻을 가지고 있는데, 본문에서처럼 부정어를 수반한 경우 '좀처럼 ～하지 않다'의 뜻으로 쓰인다.

例 相手の選手はなかなか強そうだなあ。
상대 선수는 꽤 강해 보이는 걸.

電車がなかなか来ないですね。遅刻しそうです。
전철이 좀처럼 오질 않네요. 지각할 것 같아요.

なかなか時間が取れませんでした。
좀처럼 시간을 낼 수 없었습니다.

元気だ 건강하다 ・ 無事に 무사히 ・ 帰国(する) 귀국(하다) ・ お疲れ様でした 수고하셨습니다
ルームナンバー 룸 넘버, 방 번호 ・ バレンタインチョコ 발렌타인 초콜릿 ・ 作る 만들다 ・ もう一つ 하나 더
久しぶりに 오랜만에 ・ 外出(する) 외출(하다) ・ ～のついでに (명사에 붙어서) ～하는 김에 ・ 本 책
借りる 빌리다 ・ 相手 상대, 상대방 ・ 選手 선수 ・ 強い 강하다, 세다 ・ 電車 전철 ・ 遅刻(する) 지각(하다)
取る (시간을) 내다, 빼다

スタッフ　山田様。お荷物をお持ち致しましょうか。

客　　　大丈夫です。そんなに重くないから、自分で運べます。

スタッフ　かしこまりました。他に何かございませんか。

客　　　そうだ。リムジンバスのチケットを買わなければならないのですが、ここで買うことができますか。

スタッフ　はい。16,000ウォンで販売しております。

客　　　（현금을 건네며）16,000ウォンです。

スタッフ　この度は、私どものホテルをご利用いただき、誠にありがとうございました。またのお越しをお待ちしております。よいご旅行を。

 そんなに 그렇게 · 重い 무겁다 · 自分で 직접, 스스로 · そうだ 맞다, 그렇다 · この度 이번, 금번
私ども 저희(～ども는 1인칭에 붙어 겸양의 뜻을 나타낸다) · お越し 오심, 오실 것 · よい 좋다 · 旅行 여행

またの～をお待ちしております　다시[또] ~해 주시기 바랍니다

「またの～をお待ちしております」의 문형은 '다시[또] ~해 주실 것을 기다리고 있겠습니다', '또 ~해 주십시오'의 뜻이 된다. 「またの～を」에는 「お + 동사의 ます형」 또는 「ご + 한자어」를 넣어 표현한다. 본문에서는 「またのお越しをお待ちしております」 형태로 쓰였는데, 이 표현은 고객과 헤어질 때 쓸 수 있는 표현이다. 「越す」는 '넘다, 넘어가다, 건너다' 등의 의미를 갖고 있지만, 「お + ます형」인 「お越し」가 되면 정중한 표현인 '가심, 오심'이 된다.

예 またのご利用をお待ちしております。 또 이용해 주시기를 바랍니다.

またのご応募をお待ちしております。 또 응모해 주시기를 바랍니다.

よいご旅行を　즐거운 여행이 되시길 바랍니다

본문에서는 い형용사 「よい」를 써서 「よい～を」 형태로 썼지만 「よい」 외에도 다른 형용사를 넣어 사용할 수 있다. 「い형용사 + 명사 + を」의 형태로 「よいお年を(좋은 새해를)」 「楽しい旅行を (즐거운 여행을)」 「楽しい週末を(즐거운 주말을)」와 같이 기분 좋고 즐거운 상황을 맞이하길 바라는 기원의 의미를 나타낸다.

예 A : ああ、いよいよお正月だ。 아, 드디어 설날이다!

B : よいお年を。 좋은 새해를 (맞이하세요).

A : 明日から五日間お盆休みに入りますね。 내일부터 5일간 추석 연휴가 되네요.

B : 楽しい連休を。 즐거운 연휴를 (보내세요).

またの～をお待ちしております 다시[또] ~해 주시기를 바랍니다 ・ 越す 넘다, 넘기다, 앞지르다
応募(する) 응모(하다) ・ (お)年 해 ・ いよいよ 바야흐로, 드디어 ・ 正月 정월, 설 ・ 五日間 5일간
お盆休み 백중맞이 휴일 (8월 15일을 전후하여 3~5일간) ・ 連休 연휴

客　　　エレベーターに人が多くて、もう少しでリムジンバスに乗り遅れる

　　　　ところだったよ。

　　　　仁川空港行きのリムジンバスは、ここでいいですか。

スタッフ　はい、お客様。1時に到着予定なので、少々お待ちください。

　　　　まもなくバスが到着します。お荷物をお持ち致しましょうか。

客　　　ありがとうございます。

スタッフ　お気をつけてお帰りください。

人 사람 ・ 多い 많다 ・ もう少しで 하마터면, 자칫하면 ・ 乗り遅れる (탈것을) 놓치다, 시간이 늦어서 못 타다
～ところだった ～뻔했다 ・ 仁川空港 인천공항 ・ ～でいいですか ～가 맞나요? ・ まもなく 머지않아, 곧
気をつける 조심하다

◉ **もう少しで** 조금(만) 있으면, 거의, 하마터면

「もう少しで」는 '조금(만) 있으면'의 뜻으로 어떤 결과에 거의 가까워진 상태를 나타낸다. '~할 뻔했다'는 뜻을 나타내는 표현 「～ところだった」와 함께 쓰일 때는 '하마터면'으로 해석하는 것이 자연스럽다.

⑩ もう少しで暖かくなるでしょう。 조금 있으면 따뜻해지겠지요.

　もう少しで仕事が終わります。 조금만 있으면 일이 끝나요.

　もう少しで死ぬところだった。 하마터면 죽을 뻔했다.

◉ **(もう少しで)～ところだった** (하마터면) ~할 뻔했다

「～ところだった」는 동사의 기본형 또는 수동형에 접속하여 '(하마터면) ~할 뻔했다'라는 뜻이 된다. '시험, 기간, 마감' 등과 같이 꼭 지켜야만 하는 사항을 지킬 수 없거나 안 좋은 일을 당할 뻔한 경우에 사용한다. 이 표현은 본문에서처럼 '하마터면 ~할 뻔했다'의 뜻으로 「もう少しで～ところだった」의 형태로 많이 쓰이며 「危うく(하마터면)」「あわや(까딱하면)」등의 부사와 함께 쓰이기도 한다.

⑩ もう少しで寝坊するところだった。 하마터면 늦잠 잘 뻔했다.

　危うく追突するところでした。 하마터면 추돌할 뻔했습니다.

◉ **～でいいですか** ~이면 됩니까?, ~이 맞나요?

「～でいいですか」는 '~이면 됩니까?', '~이 맞나요?'의 뜻으로 어떤 사실을 확인할 때 쓸 수 있는 표현이다.

⑩ 空港行きのリムジンバスは、ここでいいですか。

　공항 가는 리무진 버스는 여기에서 타는 게 맞나요?

　デザートは、ケーキでいいですか。 디저트는 케이크면 되나요?

暖かい (기온이) 따뜻하다 ・ 危うく 하마터면, 잘못하면 ・ あわや 까딱하면 ・ 寝坊する 늦잠 자다
追突(する) 추돌(하다)

I. 보기와 같이 ⓐ와 ⓑ를 밑줄 친 곳에 알맞은 형태로 넣어 말해 보세요.

1.
> 보기
>
> ⓐ ご滞在中　　ⓑ ご利用
>
> A : ⓐ ご滞在中、ご不便な点はございませんでしたか。
> B : 最高でした。
> A : またの ⓑ ご利用をお待ちしております。

① ⓐ ご旅行中　　　　　　　ⓑ ご訪問
② ⓐ ご宿泊中　　　　　　　ⓑ お越し
③ ⓐ お買い物中　　　　　　ⓑ ご購入

2.
> 보기
>
> ⓐ 早く走って!! 1分しか残ってないの　　ⓑ 会議に遅れる
>
> A : ⓐ 早く走って!! 1分しか残ってないの。
> B : 危うくⓑ 会議に遅れるところだった。

① ⓐ 危ない!! 気をつけて　　　ⓑ 交通事故にあう
② ⓐ あ!! 湯呑み　　　　　　　ⓑ 湯呑みが落ちる
③ ⓐ フェイクニュースだって　ⓑ 騙される

走る 달리다, 뛰다 ・ 〜しか 〜밖에 ・ 残る 남다 ・ 危ない 위험하다 ・ 交通事故 교통사고
〜にあう 〜를 당하다, 〜를 만나다 ・ 湯呑み 찻잔 ・ 落ちる 떨어지다 ・ フェイクニュース 가짜 뉴스
〜だって 〜래 ・ 騙される 속다 (騙す의 수동형)

3.

ⓐ スーパーに行って必要なものを買う　　ⓑ 韓国海苔と胡麻油も買ってくる

A：ⓐ スーパーに行って必要なものを買おう。

B：うん、ついでに ⓑ 韓国海苔と胡麻油も買ってこよう。

① ⓐ デパートでマフラーを買う　　　　ⓑ 先生へのプレゼントも準備する

② ⓐ 恵に会いに行く　　　　　　　　　ⓑ 映画も見る

③ ⓐ 部屋の掃除をする　　　　　　　　ⓑ 家の大掃除も一緒にする

II. 음원을 듣고 다음 회화문을 완성해 보세요. 🔘 Track 39

1. A　この度は、私どものホテルをご利用いただき、誠にありがとうございました。

_____。

B　ありがとう。じゃ、また。

2. A　_____。

B　はい、スタッフのおもてなしも最高で、ゆっくりくつろげました。

3. A　お荷物をお持ち致しましょうか。

B　大丈夫です。_____。

海苔 김 ・ 胡麻油 참기름 ・ デパート 백화점 ・ マフラー 머플러, 목도리 ・ プレゼント 선물
恵 메구미〈인명〉 ・ 掃除 청소 ・ 大掃除 대청소 ・ じゃ、また 그럼 또 봐요

표현 UP! 체크아웃, 숙박 시 쓰이는 다양한 표현

계산은 이쪽에서 도와드리겠습니다.	お会計はこちらでございます。
이 세이프티 박스(금고) 키는 한 개밖에 없으므로, 조심해 주십시오.	このセーフティボックスのキーは一つしかございませんので、お気をつけください。
만약 키를 분실하시면 그 요금은 손님에게 부담됩니다.	もし、キーを紛失されますと、その料金はお客様にご負担いただくことになります。
여기에서의 모든 비용은 여행사가 지불하게 되어 있습니다.	こちらでの費用はすべて旅行会社が支払うことになっています。
그러나 미니바의 요금은 여기에 포함되어 있지 않습니다.	ただし、ミニバーの料金はこちらに含まれていません。
계산서가 조금 이상하군요.	計算がちょっと合わないですね。
미니바 비용이 청구되어 있어요.	ミニバーの料金が請求されています。
대단히 죄송합니다. 지금 곧 수정하여 다시 드리겠습니다.	誠に申し訳ございません。すぐに修正して再発行致します。
매니저를 불러 드리겠습니다. 잠시만 기다려 주십시오.	マネージャーをお呼び致します。少々お待ちください。

김밥집 별점 테러로 알아보는 고객의 7가지 기본 심리

김밥집에서 근무하는 한 아주머니가 명품 가방을 메고 명품 신발을 신는다는 이유로, 같은 고객이 3개의 아이디로 별점 0.5를 줘서 논란이 되었던 사례가 있습니다. 온라인 커뮤니티에서는 이런 사연이 공유되면서 누리꾼들의 분노를 자아냈고 김밥만 맛있으면 됐지 직원이 무슨 가방을 메든 무슨 상관이냐는 의견이 많았지요.

여러분 생각은 어떠세요? 별점 테러한 고객이 너무한 걸까요?

대부분의 고객은 그렇지 않겠지만, 직원의 명품 신발과 명품 백을 보고 기분이 상하는 고객도 있을 수 있습니다. 왜냐구요? 거기에는 고객심리가 작용했을 수 있기 때문이지요. 옛말에 '지피지기백전불태', 상대를 알고 나를 알면 백 번 싸워도 위태롭지 않다는 말이 있습니다. 고객의 심리를 먼저 파악하고 거기에 맞춘 서비스를 제공한다면 고객의 마음을 움직이는 서비스는 그리 어려운 일이 아니겠지요? 그럼 고객의 심리를 살펴볼까요?

1. 환영기대심리 – 고객은 언제나 환영받기를 원한다.
2. 독점심리 – 고객은 모든 서비스에 대하여 독점하고 싶어 한다.
3. 우월심리 – 고객은 서비스 직원보다 우월하다고 생각한다.
4. 모방심리 – 다른 고객을 닮고 싶어 한다.
5. 보상심리 – 서비스에 대한 기대가 있고, 손해 보고 싶어 하지 않는다.
6. 자기본위적심리 – 자신의 가치 기준을 가지고 항상 자기 위주로 생각한다.
7. 존중기대심리 – 중요한 사람으로 기억해 주기를 기대한다.

출처: SMAT A모듈 서비스경영 고객심리 편

김밥집 사례는 고객의 심리 중 3번, 우월심리에 해당됩니다.

여러분 중에는 전문 레스토랑도 아니고 김밥집인데 이러한 서비스를 다 챙겨야 하냐고 생각하시는 분도 계실 텐데요. 하지만, 고객의 심리는 때와 장소를 불문하고 작용한다는 것을 아셔야 합니다. 고객을 대할 때 고객의 마음을 이해해야 한다는 것! 잊지 마세요.

クレームに対応① フロントデスク

기본회화　객실 시설 문제에 대응하기　⊙Track 41

スタッフ　お電話ありがとうございます。フロントデスクでございます。

客　　　今チェックインした７１７号室です。洗面台の流れが悪いんですが、部屋を変えてもらえませんか。

スタッフ　はい、かしこまりました。ご不便をおかけして、誠に申し訳ございません。直ちに別の部屋をご用意致します。
　　　　　ただ今、８６０号室のデラックスルームに客室変更ができますが、変更致しましょうか。

客　　　あ、そうですか。では、すぐに部屋を移れるようにしてください。

スタッフ　かしこまりました。予約された客室より広いデラックスルームなので、お気に召していただけるかと存じます。

서비스 Tip

호텔의 객실 유형

- シングルルーム (싱글룸) : 1인용 객실, 또는 싱글 베드가 놓여 있는 1인실
- ダブルルーム (더블룸) : 2인용 객실, 또는 더블 베드가 놓여 있는 2인실
- ツインルーム (트윈룸) : 1인용 베드가 2개 놓여 있는 2인실
- スイートルーム (스위트룸) : 응접실과 침실이 분리되어 갖추어진 객실
- トリプルルーム (트리플룸) : 트윈 룸에 추가 침대 1개를 넣어 3인이 사용할 수 있는 객실

客　　　　はい、分かりました。

スタッフ　スタッフをそちらに向かわせます。新しい客室にご案内致しますの
　　　　　で、少々お待ちくださいませ。

客　　　　はい、お願いします。

문법&문형

⊛ お〜をおかけして ~을 끼쳐 드려서

「お[ご] + 한자어 + をおかけする」는 '~을 끼치다'라는 뜻의 겸양표현으로, 여기에서 한자어 자리에 들어갈 수 있는 단어는 '불편, 걱정, 염려, 번거로움' 등의 뜻을 가진 명사이다. 「お〜をおかけして」는 '~을 끼쳐서', '~을 끼쳐 드려서', '~하게 해 드려서'로 해석한다. 「かける」의 기본 의미 중에서 '끼치다'의 뜻으로 쓰이는 관용적 표현으로는 「迷惑をかける(폐를 끼치다)」「苦労をかける(수고를 끼치다)」「手数をかける(번거롭게 하다)」「面倒をかける(귀찮게 하다)」「心配をかける(걱정을 끼치다)」 등이 있다.

⊛ ご不便をおかけして、誠に申し訳ございません。
불편을 드려 대단히 죄송합니다.

お手数をおかけして、申し訳ございません。
번거롭게 해 드려 죄송합니다.

⊛ 〜ようにする ~하도록 하다

행위의 목적을 나타내는 「〜ように」는 의도적인 노력을 표현할 때 쓰이며, 우리말로는 문맥에 따라 '~하도록', '~하기 위하여'와 같이 해석한다. 응용표현으로는 「〜のように(~처럼)」「〜ようにする(~하도록 하다)」「〜ようになる(~하게 되다)」 등이 있다.

접속 방법	의미
명사+のように	~와 같이, ~처럼
동사의 ます형+ます+ように	~하기를 〈기원〉
동사의 기본형+ように	~하도록
동사의 기본형+ようになる	~하게 되다
동사의 기본형+ようにする	~하도록 하다, ~하려고 하다

⊛ あの人のように英語を自由にしゃべりたい。
저 사람처럼 영어를 자유롭게 말하고 싶다.

ホワイトボードの字がよく見えるように、大きく書きます。
화이트보드의 글씨가 잘 보이도록 크게 쓰겠습니다.

爺ちゃんが元気になりますように。
할아버지가 건강해지기를……。

いつか<ruby>会<rt>あ</rt></ruby>える<ruby>日<rt>ひ</rt></ruby>が<ruby>来<rt>き</rt></ruby>ますように。

언젠가 만날 수 있는 날이 오기를……

<ruby>明日<rt>あした</rt></ruby>は<ruby>寝坊<rt>ねぼう</rt></ruby>しないでちゃんと<ruby>起<rt>お</rt></ruby>きられるように<ruby>早<rt>はや</rt></ruby>く<ruby>寝<rt>ね</rt></ruby>よう。

내일은 늦잠 자지 말고 제때 일어나야지.

<ruby>日本語<rt>にほんご</rt></ruby>で<ruby>小説<rt>しょうせつ</rt></ruby>が<ruby>読<rt>よ</rt></ruby>めるように、<ruby>毎日<rt>まいにち</rt></ruby><ruby>日本語<rt>にほんご</rt></ruby>を<ruby>勉強<rt>べんきょう</rt></ruby>しています。

일본어로 소설을 읽을 수 있도록 매일 일본어를 공부하고 있습니다.

ダイエットのために、<ruby>野菜<rt>やさい</rt></ruby>をたくさん<ruby>食<rt>た</rt></ruby>べるようにしている。

다이어트를 위해 야채를 많이 먹으려고(=먹도록) 하고 있다.

<ruby>お気<rt>き</rt></ruby>に<ruby>召<rt>め</rt></ruby>す 마음에 드시다

「お<ruby>気<rt>き</rt></ruby>に<ruby>召<rt>め</rt></ruby>す」는「<ruby>気<rt>き</rt></ruby>に<ruby>入<rt>い</rt></ruby>る(마음에 들다)」의 존경어이다.

(예) こちらの<ruby>方<rt>ほう</rt></ruby>がお<ruby>気<rt>き</rt></ruby>に<ruby>召<rt>め</rt></ruby>しましたか。

이것이 마음에 드셨습니까?

お<ruby>気<rt>き</rt></ruby>に<ruby>召<rt>め</rt></ruby>していただけたようで<ruby>幸<rt>さいわ</rt></ruby>いです。

마음에 드신 것 같아 다행입니다.

迷惑 귀찮음, 성가심, 괴로움, 폐 ・ 苦労 고생, 수고 ・ 手数 수고, 귀찮음 ・ 面倒 번잡하고 성가심 ・ 心配 걱정
～のように ～처럼, ～와 같이 ・ 自由に 자유롭게, 자유자재로 ・ しゃべる 말하다, 떠들다, 재잘거리다
ホワイトボード 화이트보드 ・ 字 글씨, 글자 ・ 見える 보이다 ・ ～ように ～(하)도록 ・ 大きい 크다
爺ちゃん 할아버지 (주로 자신의 할아버지) ・ ～ますように ～(하)기를, ～(하)도록 ・ ちゃんと 확실히, 제대로
起きられる 일어날 수 있다 (기본형 起きる) ・ 小説 소설 ・ 読める 읽을 수 있다 (기본형 読む) ・ 毎日 매일
ダイエット 다이어트 ・ ～のため(に) ～을 위해 ・ たくさん 많이 ・ 気に入る 마음에 들다 ・ 幸いだ 다행이다

スタッフ　フロントデスクでございます。どのようなご用件でしょうか。

客　　　先ほどチェックインした７０１号室です。今、部屋に入ろうとしましたが、このカードキーではドアが開かないんです。何回もやってみたのですが、だめでした。

スタッフ　さようでございますか。ご不便をおかけしまして、誠に申し訳ございません。カードに不具合があるようですね。大変申し訳ございませんが、少々お待ちください。すぐにスタッフを行かせます。それから、お客様宛に郵便物が届いておりますので、郵便物もお届けに上がります。

客　　　分かりました。ここで待っています。お願いします。

~(よ)うとする ~(하)려고 하다 ・ 何回 몇 번, 몇 회 ・ ~も ~(이)나 ・ だめだ 안 되다, 소용없다, 효과가 없다
不具合 상태가 좋지 않음, 이상 ・ ~ようだ ~것 같다 ・ 大変 대단히 ・ それから 그리고
~宛(に) ~앞(으로) (수신인이나 수신 장소를 나타내는 말)

문법&문형

〜も ~(이)나

횟수를 나타내는 숫자 뒤에 조사「も」가 사용되면 '~도'와 같이 추가의 의미가 아니라 앞에 제시된 횟수를 강조하는 뜻이 되어 '~(이)나'로 해석된다.

(예) 何回もやってみました。 몇 번이나 해 봤습니다.

その小説は3回も読みました。 그 소설은 세 번이나 읽었습니다.

映画を作るのに4年もかかりました。 영화를 만드는 데 4년이나 걸렸습니다.

だめだ 안 되다

「だめだ」에는 '소용없다', '못쓰게 되다', '불가능하다', '해서는 안 되다' 등의 뜻이 있는데, 여기서는 '소용없다', '가망이 없다'의 뜻으로 쓰였다.

(예) 何回もやってみたのですが、だめです。 몇 번이나 해 봤지만 안 됩니다.

努力はしたが、だめだった。 노력은 했지만 소용없었다.

4回も試験を受けましたが、結局だめでした。

네 번이나 시험을 봤지만 결국 안 됐습니다.

〜ようだ ~인 것 같다

「〜ようだ」는 '~인 것 같다', '~인 모양이다'의 뜻으로, 화자가 보고 들은 것, 체험한 것, 들은 이야기를 주관적으로 판단의 근거로 삼아 추측하는 경우에 많이 쓰인다. 이 경우에는 추측표현「〜らしい」와 바꿔 쓸 수 있지만,「〜らしい」는 화자의 추측과 판단에 대한 확신도가 더 높다.

(예) どうも風邪を引いてしまったようです。 아무래도 감기에 걸린 모양이다.

こちらのカバンの方がちょっと軽いようです。 이 가방이 더 가벼운 것 같습니다.

〜のに ~하는 데 ・ 努力(する) 노력(하다) ・ 試験を受ける 시험을 치르다, 시험을 보다 ・ 結局 결국
風邪を引く 감기에 걸리다 ・ 軽い 가볍다

スタッフ　お客様、こちらが内訳でございます。ご確認ください。

客　　　ミニバーを利用していないのに、87,000ウォンも請求されているんですが、この金額は何ですか。

スタッフ　ミニウィスキーはご利用になりませんでしたか。

客　　　はい。飲んでいません。ホテルに泊まっている間、忙しくてミニバーを使うどころではなかったです。もう一度確認してください。

スタッフ　はい。しばらくお待ちください。

　　　　（확인 후）お待たせ致しました。お客様、大変失礼致しました。当ホテルのスタッフのミスで、他の客室で使ったものが、お客様に請求されていたようです。間違いがありましたことを深くお詫び致します。誠に申し訳ありません。すぐに修正致します。

請求(する) 청구(하다) ・ **金額** 금액 ・ **ミニウィスキー** 미니 위스키 ・ **泊まる** 묵다, 숙박하다
～間 ~사이, ~동안 ・ **～どころではない** ~할 상황이 아니다 ・ **もう一度** 한 번 더 ・ **しばらく** 잠시, 당분간
ミス 실수 ・ **他の～** 다른~ ・ **間違い** 틀림, 잘못 ・ **深い** 깊다 ・ **詫びる** 사죄하다 ・ **修正(する)** 수정(하다)

～間 ~하는 동안

「～間」는 '~하는 동안'을 의미하며, '앞에 언급한 기간 내내'를 뜻할 때는 「～間」, '앞에 언급한 기간 중 한 시점'을 뜻할 때는 「～間に」를 쓴다. 본문에서와 같이

「동사의 て형 + ている」형태에 접속할 수 있고, 「명사 + の + 間」의 형태로도 사용한다. 명사가 올 자리에는 주로 방학, 휴가, 체재, 숙박 등과 같은 '기간을 나타내는 표현'이 온다.

예 ホテルに泊まっている間に地震が起きました。
호텔에 묵고 있는 동안에 지진이 났습니다.

ホテルに泊まっている間、朝食はいつも２階のレストランで済ませました。
호텔에 묵고 있는 동안 아침은 항상 2층 식당에서 먹었습니다.

夏休みの間、アメリカに行って来る予定です。
여름 방학 동안 미국에 다녀 올 예정입니다.

～どころではない ~할 만한 상황이 아니다

「～どころではない」는 동사의 기본형이나 명사에 접속하며, 주로 어떤 이유로 인하여 행동이나 일이 이루어질 상황이 아님을 나타낼 때 사용한다.

예 忙しくてミニバーを使うどころではなかったです。
바빠서 미니바를 사용할 상황이 아니었어요.

仕事が忙しくて休暇どころではありません。
일이 바빠서 휴가를 쓸 상황이 아니에요.

地震 지진 · 起きる 일어나다, 발생하다 · 済ませる 마치다, 끝내다 · 夏休み 여름 방학, 여름 휴가
アメリカ 미국 · 休暇 휴가

연습문제

I. 보기와 같이 ⓐ와 ⓑ를 밑줄 친 곳에 알맞은 형태로 넣어 말해 보세요.

1. **보기**

   ⓐ ご迷惑　　ⓑ 起きる

   A : この度は ⓐご迷惑をおかけしました。誠に申し訳ありませんでした。
   　　今後このようなことが ⓑ起きないよう、本人と責任者に伝えます。

   B : これくらいなんでもありません。

   ① ⓐお手数　　　　　　ⓑ生じる
   ② ⓐご苦労　　　　　　ⓑ発生する
   ③ ⓐご面倒　　　　　　ⓑ起きる

2. **보기**

   ⓐ カードを3回もやってみる　　ⓑ 案内状を見る

   A : ⓐカードを3回もやってみたんですが、だめです。
   B : さようでございますか。ⓑ案内状をご覧いただけますか。

   ① ⓐパスワードを5回も打ち込む　　ⓑ説明書を見る
   ② ⓐタッチパネルを何回も操作する　　ⓑマイナスボタンを押す
   ③ ⓐチャンネルを何度も回す　　ⓑプラグを差し込む

この度 이번, 금번 ・ 今後 앞으로 ・ このような 이와 같은 ・ 本人 본인 ・ 責任者 책임자 ・ ～くらい ～정도
なんでもない 아무것도 아니다 ・ 生じる 생기다 ・ 発生(する) 발생(하다) ・ 案内状 안내장
パスワード 패스워드, 비밀번호 ・ 打ち込む 입력하다, 넣다 ・ 説明書 설명서 ・ タッチパネル 터치패널
操作(する) 조작(하다) ・ マイナスボタン 마이너스 버튼 ・ チャンネル 채널 ・ 回す 돌리다 ・ プラグ 플러그
差し込む 꽂다

3.

> ⓐ ミニバー　　ⓑ 使_{つか}う
>
> A : 忙_{いそが}しくて ⓐ <u>ミニバー</u>を ⓑ <u>使う</u>どころではなかったです。
>
> B : えっ。そうだったんですか。

① ⓐ ゲーム　　　　　　　ⓑ している

② ⓐ 音楽_{おんがく}　　　　　　　ⓑ 聞_きく

③ ⓐ ドラマ　　　　　　　ⓑ 見_みる

II. 음원을 듣고 다음 회화문을 완성해 보세요. ◉ Track 44

1. A ＿＿＿＿＿＿＿＿＿＿郵便物_{ゆうびんぶつ}が届_{とど}いていますので、＿＿＿＿＿＿＿＿＿＿。

   B ありがとうございます。

2. A では、すぐに部屋_{へや}を移_{うつ}れるように…、お願_{ねが}いします。

   B かしこまりました。＿＿＿＿＿＿＿＿＿＿＿＿＿＿＿＿＿＿＿＿。

3. A もう一度確認_{いちどかくにん}してください。

   B 他_{ほか}の客室_{きゃくしつ}で使_{つか}ったものが、＿＿＿＿＿＿＿＿＿＿＿＿＿＿＿＿＿。

   間違_{まちが}いがありましたことを深_{ふか}くお詫_わび致_{いた}します。

えっ 어? ・ ゲーム 게임 ・ 音楽 음악 ・ ドラマ 드라마

표현 UP!

고객 불만 해결의 다양한 표현

맥주가 미지근하잖아요.	このビール、ぬるいわ！
곧 차가운 걸로 가져다드리겠습니다.	すぐ冷たいビールをお持ち致します。
잔 여기에 금이 갔네요.	グラスのここにひびが入っていますね。
죄송합니다. 지금 즉시 새 잔으로 가져다드리겠습니다.	申し訳ございません。ただ今、新しいグラスをお持ち致します。
음식이 아직 안 왔어요.	料理がまだ来てないわ！
잠깐만 기다리세요. 지금 곧 가겠습니다.	少々お待ちくださいませ。ただ今、参ります。
내 샐러드에 머리카락이 있잖아요.	私のサラダに髪の毛が入っているわ！
죄송합니다. 즉시 다른 걸로 가져다드리겠습니다.	申し訳ございません。ただ今、お取り替え致します。
죄송합니다. 다시는 이런 일이 일어나지 않도록 주의하겠습니다.	申し訳ございません。二度とこのようなことが起きないように気をつけます。
요리가 바뀐 것 같아요. 저는 이거 주문하지 않았어요.	オーダーしたのと違っているみたいです。私はこれを注文していませんが…。
죄송합니다. 즉시 확인하겠습니다.	申し訳ございません。ただちに確認致します。

고객 불만에 관한 사실

"불만을 가진 고객의 4%만이 실제로 불만을 제기한다. 나머지 96%는 화가 난 채로 돌아선다. 어떤 불만이 접수되면, 같은 불만을 가진 고객이 평균 26명은 더 있다는 것이다. 그 중 6명은 심각한 불만을 가지고 있다. 불만을 제기한 고객 중 56~70%는 불만이 해소되면 다시 찾아온다. 회사가 신속하게 대처하면 96%까지도 가능하다. 고객은 그것을 평균 9~10명에게 이야기한다. 20명이 넘는 사람들에게 이야기하는 고객도 13%나 된다." (벳시 샌더스, '신화가 된 전설적인 서비스')

'신화가 된 전설적인 서비스(벳시 샌더스 저)'의 내용 중 고객 불만에 관한 설문조사 내용을 살펴보면, '불만을 가진 고객의 4%만이 실제로 불만을 제기한다'고 합니다. 최근의 고객 불만 설문조사들을 살펴보면, 평균 10명 중 1명만이 문제 제기를 하고 나머지는 그냥 떠난다고 하지요.

기업의 입장에서 제일 무서운 것은, 불만을 경험한 고객은 평균 9~10명에게 이야기하며, 20명이 넘는 사람들에게 이야기하는 고객도 13%나 된다는 내용입니다. SNS가 발달한 요즘은 그 부정적인 파급 효과가 엄청나겠지요. 그래도 우리에게 희망을 주는 것은, 회사가 신속하게 대처하면 고객은 96%까지도 다시 찾아온다는 것입니다.

고객 접점에서 일하다 보면, 불만을 제기하는 고객이 많다고 느껴집니다. 하지만, 그러한 상황이 버거워서 크게 느껴질 뿐이지 실제로는 4%만이 불만을 제기한다고 하니, 귀중한 시간을 내서 불만을 말해 주는 고객에게 오히려 감사해야겠지요.

クレームに対応② 施設部

객실 난방 문제에 대응하기　　🔊 Track 46

スタッフ　フロントデスクでございます。ご用件を承ります。

客　　　はい、さっきチェックインした５１３号室ですが、部屋がとても寒いです。暖房をつけて３０分経ったのに、暖かい風が出ません。これ故障しているんじゃないんですか。

スタッフ　中央暖房システムなので、もう少しお待ちいただくと暖かくなると思います。

客　　　全然、暖かくならないんですけど…。寒すぎます。

スタッフ　それでは、すぐ確認致しますので、少々お待ちください。

客　　　はい。お願いします。それから、毛布も１枚持ってきてもらえますか。

スタッフ　はい、かしこまりました。すぐにお持ち致します。

施設部のスタッフ　（객실 앞에서）施設部です。毛布をお持ち致しました。まだ寒いでしょうか。

客 あ、ありがとうございます。もう暖かくなりました。暖房
が利くのに時間がかかりますね。

施設部のスタッフ 部屋が暖かくなってよかったです。何かございましたら、
お気軽にお申し付けください。

施設部 시설부 ・ さっき 아까, 조금 전 ・ とても 매우, 대단히 ・ 暖房 난방 ・ 〜をつける 〜을 켜다
経つ 경과하다 ・ 風 바람 ・ 出る 나오다 ・ 故障する 고장 나다 ・ 中央暖房システム 중앙난방 시스템
もう少し 조금 더 ・ お〜いただくと 〜하시면, 〜해 주시면 ・ 〜と思う 〜라고 생각하다 ・ 全然 전연, 전혀
〜すぎる 너무 〜하다 ・ 毛布 담요 ・ 一枚 한 장 ・ 利く 잘 작동하다, 기능을 발휘하다 (きく로도 표기함)
申し付ける (윗사람이 아랫사람에게 어떤 사항을) 명령하다, 분부하다

문법&문형

「経つ」와 「過ぎる」

'지나다'라는 뜻을 가진 「経つ」와 「過ぎる」는 비슷하게 보이지만 「経つ」는 '(시간이) 흐르다'라는 의미를 갖고 있기 때문에 얼마만큼의 시간이 흘렀는지 말할 때 쓸 수 있고, 「過ぎる」는 한 기준이 되는 시간이나 장소를 '지나가다'라는 의미를 갖고 있기 때문에 어떤 기준을 지나가거나 넘어갈 때 쓸 수 있다.

> 예 大学を卒業して10年が経った。 대학을 졸업하고 10년이 지났다.
>
> マリアと東京で会ってから３ヶ月が経っている。 마리아와 도쿄에서 만난 후로 3개월이 지났다.
>
> ９時を過ぎたので講演会を始めます。 9시가 넘었으므로 강연회를 시작합니다.
>
> 冬が過ぎて春になった。 겨울이 지나고 봄이 되었다.

お～いただくと ~하시면, ~해 주시면

「お～いただくと」는 상대방의 행위를 정중하게 표현하는 「お + 동사의 ます형[명사] + いただく」의 형태에 가정표현 「と」가 접속한 것으로 '~하시면', '~해 주시면'의 뜻이 된다.

> 예 現金でお支払いいただくとかわいいボールペンをプレゼントします。
> 현금으로 지불해 주시면 귀여운 볼펜을 선물로 드립니다.
>
> アンケートにお答えいただくと抽選でコーヒーギフト券が当たります。
> 앙케트에 답해 주시면 추첨으로 커피 기프트권이 당첨됩니다.

～すぎる 너무 ~하다

「～すぎる」는 「동사의 ます형 + すぎる」 또는 「형용사의 어간 + すぎる」의 형태로 '너무 ~하다' '지나치게 ~하다'의 뜻을 나타낸다.

> 예 教室が寒すぎます。 교실이 너무 추워요.
>
> 昨日はコーヒーを飲みすぎました。 어제는 커피를 너무 많이 마셨어요.

🌐 여러 가지 뜻을 가진 동사 「きく」

「利<ruby>き</ruby>く」는 본문의 「暖房<ruby>だんぼう</ruby>が利<ruby>き</ruby>くのに時間<ruby>じかん</ruby>がかかりますね。(난방이 되는 데 시간이 걸리네요)」라는 문장에서 '잘 작동하다', '기능을 발휘하다'라는 뜻으로 쓰였는데, 「きく」라는 동사는 한자 표기에 따라 다음과 같이 여러 가지 뜻으로 사용되는 동사이다.

「聞<ruby>き</ruby>く(듣다)」, 「聴<ruby>き</ruby>く((귀 기울여) 듣다)」, 「訊<ruby>き</ruby>く(묻다, 질문하다)」, 「効<ruby>き</ruby>く(듣다, 효과가 있다)」, 「利<ruby>き</ruby>く(잘 움직이다, 잘 작동하다, 기능을 발휘하다)」

예 音楽<ruby>おんがく</ruby>を聞<ruby>き</ruby>きながら働<ruby>はたら</ruby>いています。 음악을 들으면서 일하고 있어요.

ニュースを聴<ruby>き</ruby>いて、勉強<ruby>べんきょう</ruby>します。 뉴스를 들으며 공부합니다.

ちょっと訊<ruby>き</ruby>いてもいいですか。 좀 물어봐도 될까요?

この薬<ruby>くすり</ruby>はよく効<ruby>き</ruby>きます。 이 약은 잘 들어요.

ブレーキがよく利<ruby>き</ruby>きません。 브레이크가 잘 안 들어요.

🌐 お申<ruby>もう</ruby>し付<ruby>つ</ruby>けください 말씀해 주십시오, 시키십시오

「申<ruby>もう</ruby>し付<ruby>つ</ruby>ける」는 '(윗사람이 아랫사람에게 어떤 사항을) 명령하다, 분부하다'라는 뜻이다. 「お申し付けください」의 형태로 '시키십시오', '분부하십시오'라는 뜻을 나타낸다.

예 ご希望<ruby>きぼう</ruby>のサイズが見<ruby>み</ruby>つからないようでしたら、お気軽<ruby>きがる</ruby>にお申<ruby>もう</ruby>し付<ruby>つ</ruby>けください。
원하시는 사이즈가 안 보이시면 편하게 말씀해 주십시오.

不都合<ruby>ふつごう</ruby>な点<ruby>てん</ruby>などございましたら、ご遠慮<ruby>えんりょ</ruby>なくお申<ruby>もう</ruby>し付<ruby>つ</ruby>けください。
불편한 점이 있으시면 편하게 말씀해 주십시오.

過ぎる 지나다 ・ 大学 대학(교) ・ 卒業(する) 졸업(하다) ・ マリア 마리아 〈인명〉 ・ 東京 도쿄 〈지명〉
講演会 강연회 ・ 始める 시작하다 ・ 冬 겨울 ・ かわいい 귀엽다 ・ アンケート 앙케트, 설문조사
答える 대답하다, 답하다 ・ 抽選 추첨 ・ ギフト券 기프트권 ・ 当たる 맞다, 당첨되다 ・ 教室 교실
〜ながら 〜(하)면서 ・ 働く 일하다 ・ ニュース 뉴스 ・ 聴く (귀 기울여) 듣다, 청취하다
訊く 묻다, 질문하다 (聞く로 표기하기도 함) ・ 薬 약 ・ 効く 듣다, 효과가 있다 ・ ブレーキ 브레이크
希望(する) 희망(하다) ・ サイズ 사이즈 ・ 見つかる 발견되다, (찾던 것을) 찾게 되다
不都合だ 형편이나 사정이 좋지 못하다, 불편하다 ・ (ご)遠慮なく 편하게, 부담 없이, 사양 말고

スタッフ　施設部です。

洗面台の修理に参りました。中に入ってもよろしいでしょうか。

客　　　はい、どうぞ。ここです。洗面台の流れが悪いんです。

スタッフ　ご不便をおかけして、誠に申し訳ございません。修理は約1時間ほ

どかかりそうですが、よろしいでしょうか。

客　　　そうですか。時間がかなりかかりますね。それじゃ、私たちは食事

をしてきます。その間に修理が終わるといいんですが…。

スタッフ　ありがとうございます。お客様、できるだけ早く修理致します。

修理(する) 수리(하다) ・ ～に参る ～하러 오다 ・ 約～ 약～ ・ かなり 꽤, 제법 ・ その間 그 동안
～といいんですが ～(하)면 좋겠는데

124

문법&문형

〜に参りました ~하러 왔습니다

「〜に参る」는 '~하러 오다'라는 뜻으로 사용되는 말인데, 여기서 「〜に」는 목적을 나타내며 동사의 ます형이나 일부 한자어에 접속한다. 여기서 「参る」는 '가다, 오다'의 뜻을 가진 겸양동사이다.

예 洗面台の修理に参りました。 세면대를 수리하러 왔습니다.

郵便物をお届けに参ります。 우편물을 갖다드리러 가겠습니다.

〜といいんですが ~(하)면 좋겠습니다만, ~(하)면 좋겠는데

「〜といいんですが」는 가정을 나타내는 「〜と」와 「いいんですが」가 결합된 형태로 '~(하)면 좋겠습니다만', '~(하)면 좋겠는데'의 뜻이다.

예 早く暖かくなるといいんですが、まだ寒いですね。

빨리 따뜻해지면 좋겠는데 아직 춥네요.

今回は合格するといいんですが、自信がないです。

이번에는 합격하면 좋겠는데 자신이 없어요.

家が会社からもっと近いといいんですが、仕方がありませんね。

집이 회사에서 더 가까우면 좋겠는데, 어쩔 수 없네요.

今回 이번 · 合格(する) 합격(하다) · 自信がない 자신이 없다 · 会社 회사 · もっと 더, 더욱 · 近い 가깝다
仕方がない 하는 수 없다, 어쩔 수 없다

客	フロントですか。1001号室です。部屋のライトが切れそうで、ちかちかしています。電球を取り替えてもらえますか。
スタッフ	申し訳ございません。お客様、ただ今、スタッフがお伺い致します。
客	いいえ。今は休みたいので、明日の朝、私が出かけてから直してください。
スタッフ	はい、かしこまりました。明日の朝、お出かけの際、フロントに声をかけていただければ、すぐに電球を交換致します。
客	ところで、あの…実は、休みたいんだけど、隣の部屋がうるさくて…。どうにかなりませんか。
スタッフ	ご迷惑をおかけして、申し訳ございません。静かにしていただくよう、お隣のお客様にお伝え致します。

ライト 전기, 전등 ・ 切れる 떨어지다, 다 되다, 꺼지다 ・ ちかちか(する) 반짝반짝(하다) ・ 電球 전구
朝 아침 ・ 声をかける 부르다, 말을 걸다 ・ 交換(する) 교환(하다) ・ ところで 그런데 ・ 実は 실은, 사실은
~んだけど ~인데, ~한데 ・ 隣 옆 ・ うるさい 시끄럽다 ・ どうにかなりませんか 어떻게 좀 안 될까요?
~よう ~(하)도록

🌐 동사「切れる」

「切る」는 기본적으로 '자르다'라는 뜻이 있기 때문에,「切れる」는 '잘리다', '베이다'라는 뜻이 있다. 하지만「切れる」에는 그 밖에도 '(전화가) 끊어지다', '(실이) 끊어지다', '(있던 것이) 없어지다', '다 떨어지다', '다 되다' 등의 뜻이 있어서, 본문에서처럼「ライトが切れそうだ」라고 하면 '전등이 꺼질 것 같다', '전등이 수명이 다 된 것 같다'라는 뜻이 된다.

㉠ 話の途中、電話が切れました。
이야기 도중에 전화가 끊어졌어요.

ケータイのバッテリーが切れそうだから、後で電話します。
휴대폰 배터리가 끊어질 것 같으니까 나중에 전화할게요.

🌐 どうにかなりませんか　어떻게 안 될까요?

「どうにかなりませんか」는 '어떻게 (좀) 안 될까요?'라는 뜻으로,「なんとかなりませんか」보다 정중한 표현이다. 문제가 있을 때 그것을 상대방이 해결해 주길 바라는 부탁의 의미로 사용하지만, 약간의 강요도 포함되어 있다고 볼 수 있다. 좀 더 부드럽게, 좀 더 정중하게 표현할 때는「どうにかできませんか」도 쓸 수 있다.

㉠ 車が急に故障してしまって、困っています。どうにかなりませんか。
차가 갑자기 고장이 나서 난감하네요. 어떻게 안 될까요?

あのテーブルの人たち、ちょっとうるさいんだけど、なんとかなりませんか。
저 테이블 사람들 좀 시끄러운데 어떻게 안 되나요?

話 이야기 ・ 途中 도중(에) ・ ケータイ 휴대폰, 휴대전화 ・ バッテリー 배터리, 건전지 ・ 後で 나중에, 이따가
なんとかなりませんか 어떻게 좀 안 될까요? ・ どうにかできませんか 어떻게 좀 안 될까요? ・ 急に 갑자기
困る 난처하다, 난감하다

연습문제

I. 보기와 같이 ⓐ와 ⓑ를 밑줄 친 곳에 알맞은 형태로 넣어 말해 보세요.

1.

> 보기
>
> ⓐ 暖房をつける　　ⓑ 暖かい
>
> A：ⓐ暖房をつけて30分経ったのに、ⓑ暖かくなりません。
>
> B：申し訳ございません。すぐ伺います。

① ⓐ クーラーをつける　　ⓑ 涼しい

② ⓐ アイロンをつける　　ⓑ 熱い

③ ⓐ 電気をつける　　　　ⓑ 明るい

2.

> 보기
>
> ⓐ 洗面台　　ⓑ 直す
>
> A：ⓐ洗面台を ⓑ直しに参りました。
>
> B：はい、どうぞ。

① ⓐ トイレットペーパー　　ⓑ 取り替える

② ⓐ ポット　　　　　　　　ⓑ 交換する

③ ⓐ アイロン　　　　　　　ⓑ お届けする

クーラー 에어컨, 냉방기 ・ 涼しい 시원하다 ・ アイロン 다리미 ・ 熱い 뜨겁다 ・ 電気 전기, 전등, 불
明るい 밝다 ・ トイレットペーパー 두루마리 휴지 ・ ポット 포트, 보온병

3.

ⓐ出かける　　ⓑ フロントに知らせる

A：ⓐお出かけの際、ⓑ フロントにお知らせください。

B：はい、分かりました。

① ⓐ 戻る　　　　　　　ⓑ 連絡する

② ⓐ 購入する　　　　　ⓑ パスポートを見せる

③ ⓐ 注文する　　　　　ⓑ クーポンを見せる

II. 음원을 듣고 다음 회화문을 완성해 보세요. ⓞ Track 49

1. A　その間に修理が終わるといいんですが…。

　　B ＿＿＿＿＿＿＿＿＿＿＿＿＿＿＿＿＿＿＿＿＿＿＿＿。

2. A　明日の朝、私が出かけてから直してください。

　　B　お出かけの際、＿＿＿＿＿＿＿＿＿＿＿＿＿＿＿＿＿＿＿＿、

　　　　すぐに電球を交換致します。

3. A　休みたいんだけど、隣の部屋がうるさくて…。

　　　　＿＿＿＿＿＿＿＿＿＿＿＿＿＿＿＿＿＿＿＿。

　　B　ご迷惑をおかけして、申し訳ございません。

戻る 되돌아오다, 되돌아가다 ・ クーポン 쿠폰

표현 UP!　　시설부의 다양한 표현

에어컨을 점검하러 왔습니다.	エアコンの点検に参りました。
전구를 교환하겠습니다.	電球を交換します。
천장에 물 새는 곳을 수리하러 왔습니다.	天井の水漏れを修理しに参りました。
욕조 배수를 수리하러 왔습니다.	浴槽の排水を修理しに参りました。
시간이 조금 걸립니다.	お時間が少々かかります。
수리를 하는 데 약 1~2시간 걸릴 예정입니다.	修理するのに１〜２時間ほどかかる予定でございます。
(수리 중 잠시 자리를 뜰 때) 즉시 돌아오겠습니다.	すぐに戻ります。
TV를 수리하는 데 시간이 많이 걸려서, 아무래도 객실을 바꾸셔야 될 것 같습니다.	テレビの修理に時間がかかりますので、お部屋を替わられた方がいいかもしれません。
곧 고치러 가겠습니다.	すぐ修理に伺います。

세상에서 가장 아름다운 호텔은 어디일까요?

'세계에서 가장 아름다운 호텔'은 선정하는 기관에 따라 다르지만, 많은 호텔 마니아들이 공감하고 인정하는 '보그 코리아(VOGUE Korea)'의 내용을 기반으로 '세계에서 가장 아름다운 호텔'을 소개할까 합니다.

1위는 세계적으로 전망이 좋은 곳을 선정해 최고급 호텔을 짓는 아만(Aman) 그룹의 사막 프로젝트! 유타주와 애리조나주의 접경 지역에 위치한 아만기리 리조트입니다. 장엄한 절벽과 사막 그리고 그랜드캐니언 인근에 위치해, 자연과 깊이 교감할 수 있는 곳이며 인적이 드물고, 프라이버시가 완벽하게 보장되어 조용히 휴식을 취하고자 하는 이들이 방문하는 곳이랍니다.

2위는 독일 베를린에 위치한 래디슨블루(Radisson Blu) 호텔입니다. 로비에 들어서자마자 보이는 초대형 수족관은 높이가 무려 25m나 되는 원통형 수족관 속에 엘리베이터가 있어, 객실로 이동하는 동안에도 수족관을 구경할 수 있답니다.

3위는 '트리호텔(Treehotel)'로 스웨덴 북부 도시 하라즈의 숲속에 숨어 있는 트리호텔은 말 그대로 나무 위에 지어진 호텔입니다. 외관을 모두 유리로 마감하여 객실에 머물러도 자연 경관과 하나가 될 수 있고, 날아다니는 새와 곤충들이 부딪히지 않도록 적외선 필름을 코팅했답니다. 복잡한 도심을 떠나 모든 것을 내려놓고 나만의 힐링을 원한다면 강추입니다!

래디슨블루 호텔, 베를린

第11課

ハウスキーピング

기본회화 | 객실 청소하기 | ⊙ Track 51

スタッフ　ハウスキーピングでございます!

（천천히 객실에 들어서며）失礼致します。今、掃除をしてもよろしいでしょうか。

客　　　今、出かけるところでした。

ずっと部屋の掃除ができなくて、お願いします。

スタッフ　はい、かしこまりました。

客　　　どのくらいかかりますか。

スタッフ　２０分から３０分くらいかかりそうですが。

客　　　私は部屋で仕事をしなければならないので、ご飯だけ食べてすぐに戻ってくる予定です。

서비스 Tip

아이를 동반한 고객이 숙박 중 갑작스런 문제로 아이를 객실에 두고 외출하는 난처한 경우가 발생하곤 하는데요, 그러한 상황을 대비하여 호텔에서는 베이비시터 서비스를 제공하고 있습니다. 급하게 베이비시터를 구하는 경우라 주로 룸메이드 직원이 그 역할을 하는데, 호텔마다 다르지만 주로 그 조건으로는 최소 3시간 이상, 비용은 최저 시급의 2배 정도이며, 밤 10시 이후일 경우 택시비가 청구됩니다. 부득이하게 아이를 두고 외출하는 경우 당황하지 말고 숙박 중인 호텔에서 이런 서비스가 가능한지 확인해 보세요.

スタッフ　さようでございますか。お客様がお戻りになるまでには、きれいに
　　　　　掃除しておきます。

客　　　　ありがとう。

ハウスキーピング 하우스키핑 ・ 掃除(する) 청소(하다) ・ ～ところ(だ) ～하려는 참(이다)
ずっと 계속, 줄곧 ・ ～なくて ～(하)지 않고, ～(하)지 않아서 ・ どのくらい 어느 정도 ・ 仕事をする 일하다
ご飯 밥 ・ ～だけ ～만 ・ ～までに ～까지 ・ きれいに 깨끗하게

第11課 ハウスキーピング　133

문법&문형

🏛 ～ところ(だ) ~하려던 참(이다)

「～ところ(だ)」는 동사 기본형 뒤에 붙어서 지금 어떤 동작을 하기 직전의 단계에 있음을 나타낸다. 「ちょうど」「今」「これから」 등의 부사가 함께 쓰이기도 한다.

예) これから食事に出かけるところでした。 지금 식사하러 나가려던 참이었어요.

今から主人に電話をかけるところです。 이제부터 남편에게 전화를 걸려는 참입니다.

🏛 ～なくて ~(하)지 않고, ~(하)지 않아서

「～なくて」는 부정의 뜻을 가진 「～ない」의 て형이라고 보면 되는데, 「～なくて」는 동사나 형용사의 ない형에 접속하여 '~하지 않아서'의 뜻으로 쓰이며, 가능의 뜻을 나타내는 동사나 가능형에 접속하면 '~하지 못해서'의 뜻이 된다. 혼동하기 쉬운 표현으로 「～ないで」가 있는데, 이 표현은 동사에만 접속하며 '~하지 말고'의 의미로 사용되는 표현이다.

예) 彼女とは意見が合わなくて別れた。 그녀와는 의견이 맞지 않아서 헤어졌다.

問題に一つも答えられなくて恥ずかしかった。 한 문제도 대답할 수 없어서 창피했다.

コーヒーがあまりおいしくなくて少ししか飲まなかった。
커피가 별로 맛이 없어서 조금밖에 마시지 않았다.

ぼーっとしていないで早く掃除しなさい! 멍하니 있지 말고 빨리 청소하세요!

🏛 ～だけ ~만

「～だけ」는 체언이나 동사의 보통체형에 접속하여 '~만'이라는 뜻으로 쓰인다. 본문에서와 같이 「～だけ～て(~만 ~하고)」의 형태로도 많이 쓰인다.

예) ご飯だけ食べてすぐに戻ってくる予定です。 밥만 먹고 바로 돌아올 예정입니다.

一つだけ聞いてもいいですか。 하나만 물어봐도 돼요?

ただ言ってみただけです。 그냥 말해 본 것뿐이에요.

「～まで」와 「～までに」

「～まで」와 「～までに」는 우리말로 모두 '～까지'로 해석되지만 일본어에서는 구분해서 사용하는 말이다. 「～まで」는 어떤 지점까지 동작이나 행위, 상황이 계속되는 경우에 사용하며, 「～までに」는 동작이나 행위가 어떤 지점에 한 번으로 끝나는 경우에 사용한다. 예를 들면, 서류를 제출하거나 작업을 끝내는 경우, 제출하는 행위는 한 번으로 끝나는 행위이며 작업이 끝나는 것도 어떤 지점이기 때문에 이런 경우 「～までに」를 써야 한다.

예 月曜日から金曜日までテストです。 월요일부터 금요일까지 시험이에요.

あの店は夜の１０時まで営業をしている。 저 가게는 밤 10시까지 영업을 하고 있다.

明日の３時までにレポートを出してください。 내일 3시까지 리포트를 제출해 주세요.

主人 (자신의) 남편 ・ 電話をかける 전화를 걸다 ・ 〜ないで 〜(하)지 말고 ・ 意見 의견
〜(ら)れなくて 〜(할) 수 없어서 ・ 恥ずかしい 부끄럽다, 창피하다 ・ ぼーっとする 멍하니 있다
〜ていないで 〜(하)고 있지 말고 ・ 〜なさい 〜해라, 〜하세요 ・ 月曜日 월요일 ・ 金曜日 금요일
店 가게, 상점

スタッフ　ランドリーサービスです。お洗濯する物はございますか。

客　　　明日スーツを着なければならないので、このスーツとワイシャツを
　　　　今日中にドライクリーニングできますか。

スタッフ　今お預けいただければ、夕方8時までに受け取ることができます
　　　　が、即日仕上げ料金として、５０％割り増しになりますが、よろし
　　　　いですか。

客　　　仕方がないですね。明日着なければならないので、お願いします。

ランドリーサービス 세탁 서비스 ・ 洗濯(する) 세탁(하다) ・ 物 것, 사물, 물건 ・ スーツ 양복, 정장
着る 입다 ・ ワイシャツ 와이셔츠 ・ 今日中に 금일 중으로, 오늘 중으로 ・ ドライクリーニング 드라이크리닝
預ける 맡기다 ・ 受け取る 수취하다, 받다 ・ 即日 당일 ・ 仕上げる 일을 끝내다, 마무르다
仕上げ料金 공정 요금 ・ ～として ~로서 ・ 割り増し 할증 ・ 仕方がない 어쩔 수 없다

🌐 〜として ~로(서)

「〜として」는 체언에 붙어 자격이나 입장을 나타내는 표현으로 '~로', '~로서'로 해석된다.

예 趣味として切手を集めている。 취미로 우표를 모으고 있다.

ここはデートコースとして人気があります。 이곳은 데이트 코스로 인기가 있습니다.

🌐 〜になります ~이 됩니다, ~입니다

「〜になる」는 '~이 되다'라는 일반적인 뜻이 있지만, 「〜になります」의 형태로 '~입니다'의 뜻으로 쓰이기도 한다. 「〜です」와 같은 뜻이지만 공손하게 말하고 싶을 때 사용하는 표현이다.

예 全部で1万円になります。 다 합해서 만 원입니다.

列車の時刻表はこちらになります。 열차의 시간표는 이것입니다.

🌐 仕方がない 하는 수 없다

「仕方がない」는 어찌할 방도가 없을 때 사용하는 표현이며, 유사한 표현으로는 「しょうがない」 「やむをえない」가 있으며, 조금 더 정중한 표현은 「やむをえない」이다.

예 もう決まったことだから、仕方がないですね。 이미 정해진 일이니 어쩔 수 없네요.

考えてもしょうがないことは考えない。 생각해도 어쩔 수 없는 일은 생각하지 않는다.

落ち込んでいてもしょうがない。 의기소침해 있어 봐야 방법이 없다.

やむをえない事情がある場合は教えてください。 부득이한 사정이 있는 경우는 알려 주세요.

趣味 취미 ・ 切手 우표 ・ 集める 모으다 ・ デートコース 데이트 코스 ・ 列車 열차 ・ 時刻表 시각표, 시간표
しょうがない 어쩔 수 없다, 달리 방법이 없다 ・ やむをえない 어쩔 수 없다, 할 수 없다
落ち込む 의기소침해지다, (기분이) 침울해지다 ・ 事情 사정 ・ 場合 경우

スタッフ　忘れ物センターです。何をお探しですか。

客　　　今日午前にチェックアウトした720号室の田中です。
　　　　部屋にメガネを忘れたようなんですが、お掃除の時、ありませんで
　　　　したか。

スタッフ　少々お待ちいただけますか。
　　　　(확인후) お部屋にございました。幸いこちらで保管しております。

客　　　あ、ありましたか。よかった。

スタッフ　取りに来られますか。それとも、こちらから宅配でお送り致しま
　　　　しょうか。宅配費用はカードでもお支払いいただけます。

客　　　宅配便でお願いします。費用はカードで払います。

スタッフ　かしこまりました。お受け取りのお客様のご住所とカード番号をお
　　　　願いします。

忘れ物センター 분실물 센터 · 探す 찾다 · メガネ 안경 · 忘れる 잊다 · 幸い 다행히
保管(する) 보관(하다) · 取る 잡다, 가지다 · 〜に来る 〜(하)러 오다 · それとも 그렇지 않으면, 아니면
宅配 배달, 택배 · 送る 보내다 · 費用 비용 · 宅配便 택배(편) · (ご)住所 주소

문법&문형

～に来られますか ~하러 오시겠습니까?

「～に来られますか」는 '~하러 오시겠습니까?'라는 뜻으로 사용되는 말인데, 여기서 「～に」는 목적을 나타내며 동사의 ます형이나 일부 한자어에 접속한다. 그리고 「来られる(오시다)」는 「来る(오다)」의 존경형이다. ※「来る(오다)」의 가능형도 존경형과 같은 형태이기 때문에 문맥으로 구분해야 한다.

예 １２時までに食事に来られますか。
12시까지 식사하러 오시겠습니까? / 12시까지 식사하러 오실 수 있어요?

家へ遊びに来られますか。
집으로 놀러 오시겠어요? / 집으로 놀러 오실 수 있어요?

それとも 아니면, 그렇지 않으면

「それとも」는 어느 하나를 선택할 때 쓰는 표현으로, 상대방에게 내용을 제시할 때도 쓸 수 있고 자신이 선택해야 하는 상황에서도 쓸 수 있다.

예 バスで行きますか。それとも電車で行きますか。
버스로 가십니까? 아니면 전철로 가십니까?

ラーメンにしようか、それともうどんにしようか。
라면으로 할까, 아니면 우동으로 할까?

お飲み物はコーヒーになさいますか。それとも紅茶になさいますか。
음료는 커피로 하시겠습니까? 아니면 홍차로 하시겠습니까?

～にしようか～にしようか ~로 할까 ~로 할까 ・ うどん 우동

I. 보기와 같이 ⓐ와 ⓑ를 밑줄 친 곳에 알맞은 형태로 넣어 말해 보세요.

1.
> **보기**
>
> ⓐ 部屋を掃除する　　ⓑ 出かける
>
> A : ⓐ 部屋を掃除してもよろしいですか。
>
> B : はい、今 ⓑ 出かけるところでした。

① ⓐ 洗面台を修理する　　ⓑ 映画館に行く

② ⓐ 電球を交換する　　ⓑ 食事に行く

③ ⓐ シーツを取り替える　　ⓑ 買い物に行く

2.
> **보기**
>
> ⓐ ルームキーが見つかる　　ⓑ 伺う
>
> A : ⓐ ルームキーが見つからなくて、困っています。
>
> B : すぐ、ⓑ 伺います。

① ⓐ 冷房が利く　　ⓑ 参る

② ⓐ テレビが映る　　ⓑ 参る

③ ⓐ リモコンが見つかる　　ⓑ 伺う

映画館 영화관 ・ シーツ 시트, 침대보 ・ 見つかる 발견되다, 보이다 ・ 困る 곤란하다, 난처하다, 괴로움을 겪다
冷房 냉방 ・ テレビが映る TV 화면이 나오다 ・ リモコン 리모컨

140

3.

ⓐ メガネ　　ⓑ 宅配(たくはい)

A：ⓐ メガネを取(と)りに来(こ)られますか。どうなさいますか。

B：ⓑ 宅配(たくはい)で送(おく)ってもらえますか。

① ⓐ 書類(しょるい)　　　　　　　　ⓑ 書留(かきとめ)

② ⓐ おさいふ　　　　　　　　　　ⓑ EMS(イーエムエス)

③ ⓐ イベントのチケット　　　　　ⓑ 郵便(ゆうびん)

II. 음원을 듣고 다음 회화문을 완성해 보세요. ◉ Track 54

1. A 忘(わす)れ物(もの)センターです。何(なに)をお探(さが)しですか。

　　B ＿＿＿＿＿＿＿＿＿＿＿＿＿＿＿＿＿＿、お掃除(そうじ)の時(とき)、ありませんでしたか。

2. A ご飯(はん)だけ食(た)べてすぐに戻(もど)ってくる予定(よてい)です。

　　B お客様(きゃくさま)が＿＿＿＿＿＿＿＿＿＿＿＿＿＿＿＿＿＿＿＿＿＿＿＿＿。

3. A 即日仕上(そくじつしあ)げ料金(りょうきん)として、＿＿＿＿＿＿＿＿＿＿＿＿＿＿、よろしいでしょうか。

　　B 仕方(しかた)がないですね。＿＿＿＿＿＿＿＿＿＿＿＿＿＿＿＿、お願(ねが)いします。

표현 UP!　　하우스키핑의 다양한 표현

죄송합니다만, 다시 한번 말씀해 주시겠습니까?	恐れ入りますが、もう一度お願い致します。
30분 정도 걸립니다.	３０分ほどかかります。
저희는 매달 정기적으로 소독을 하고 있습니다.	私どもでは毎月定期的に消毒をしております。
협조 감사합니다.	ご協力、ありがとうございました。
엑스트라 베드를 주문하셨습니까?	エキストラベッドをリクエストなさいましたか。
수리할 시설부 직원을 급히 보내 드리겠습니다.	修理する施設部の職員をただちに行かせます。
객실의 청소가 필요하실 때는 'Make Up' 카드를 문 손잡이에 걸어 주십시오.	客室の清掃が必要な時は「メイクアップカード」をドアのノブにお掛けください。
15분 정도 시간을 주시겠습니까?	１５分ほどお時間をいただけますか。
필요한 것이 있으시면 하우스키핑, 4번으로 전화 주십시오.	何かございましたら、ハウスキーピングの４番にお掛けください。
손님이 안 계신 줄 알았습니다.	お客様がいらっしゃらないと思いました。
지금 방 청소를 해 드릴까요?	今、お部屋の掃除をしてもよろしいでしょうか。
지금 방 청소를 해 드리겠습니다.	今、お部屋の掃除を致します。
수건 가지고 왔습니다.	タオルをお持ちしました。
알아보고 연락 드리겠습니다.	お調べしてご連絡致します。
세탁물을 침대 위에 올려 놓으시면 9시에 가지러 가겠습니다.	洗濯物をベッドの上に置いてくだされば、９時に取りに伺います。
지금 세탁물을 가지러 가도 될까요?	今、洗濯物をいただきに伺ってもよろしいでしょうか。

유실물 보관소 'Lost & Found'

각 호텔의 하우스키핑 부서에서는 고객이 숙박 중에 놓고 간 물건을 관리하는 업무를 하고 있는데 그 관리 장소를 'Lost & Found'라고 부릅니다.

호텔마다 물건을 보관하는 규정은 각각 다르지만 대체로 저가인 물건은 한 달 정도이고, 고가인 보석류의 경우에는 6개월에서 1년까지 보관하고 있습니다. 1년이 지나면, 처음 물건을 발견한 직원에게 돌아갑니다. 이러한 이유로, 몸이 아파서 그만두고 싶어도 7개월 전에 찾아서 맡겨 둔 금목걸이 때문에 회사를 그만두지 못하는 룸메이드 여사님의 얘기가 공공연하게 떠돌기도 합니다. 물건 습득 시 가장 중요한 것! 물건 습득 날짜와 시간, 습득 장소(공공장소나 객실), 물건 종류, 그리고 가장 중요한 습득한 사람의 이름을 적는 것입니다.

観光案内 コンシェルジュサービス
かんこうあんない

기본회화 　관광 안내하기　　　　　　　　　　 Track 56

客　DMZツアーはここで予約できますか。

スタッフ　はい。できます。こちらのパンフレットにありますように、毎朝8時に
出発するツアーがございます。明日のツアーにお申し込みされますか。

客　はい、大人2人でお願いします。

スタッフ　かしこまりました。お支払いはいかがなさいますか。
客室料金に合わせてお支払いいただくか、ガイドさんに直接お支払
いいただくか、どちらかお選びいただけます。

客　ガイドさんに直接支払おうか、客室料金と合わせて払おうか…。

スタッフ　客室料金と合わせてお支払いいただく場合、5％の手数料をいただ
いております。

서비스 Tip

「今日(오늘)」이라는 단어는 보통 「きょう」라고 읽지만, '오늘날'이라는 딱딱한 의미로 쓸 때는 「こんにち」라고
도 읽어요. 또, '오늘'을 좀 격식 차려서 말할 때 '금일'이라는 뜻으로 「本日(ほんじつ)」라는 단어를 쓰는데, 호텔
등에서는 이 말이 많이 쓰입니다.
「明日(내일)」이라는 단어도 보통은 「あした」라고 읽지만, 「あす」라고 읽을 수도 있고, 격식을 차려 말할 때는
「みょうにち」라고도 읽을 수 있어요.

144

客　　　　そうですか。それじゃ、ガイドさんに直接支払います。

スタッフ　こちらの旅行予約カードにお客様のお名前と客室番号をご記入ください。

客　　　　ＤＭＺについての詳しいガイドブックがほしいのですが、こちらにありませんか。

観光案内 관광 안내 ・ コンシェルジュ 컨시어지(concierge), (호텔의) 접객 책임자, 안내계, 서비스 담당
ＤＭＺ 비무장지대 ・ パンプレット 팸플릿 ・ 〜にあるように 〜에 있는 것처럼 ・ 毎朝 매일 아침
申し込む 신청하다 ・ 大人 성인, 어른 ・ 合わせる 합하다 ・ 〜か〜か 〜(할)지 〜(할)지
ガイドさん 가이드 분, 안내원 ・ 直接 직접 ・ どちらか 어느 쪽이든 ・ 選ぶ 고르다, 선택하다
〜(よ)うか〜(よ)うか 〜(할)까 〜(할)까 ・ 手数料 수수료 ・ 旅行予約カード 여행 예약 카드
記入(する) 기입(하다) ・ 〜についての 〜에 대한 ・ 詳しい 자세하다, 상세하다 ・ ガイドブック 가이드북
〜がほしい 〜이 갖고 싶다, 〜을 원하다

🌐 ～か～か ~할지 ~할지

「～か～か」는 선택의 상황에서 동사의 기본형에 연결하여 '~할지 ~할지'라는 뜻으로 쓰는 표현
이다. 두 가지 중 선택하는 것이 아니라 '~할지 어떨지', '~할지 말지'라고 할 때는 「～かどうか」
라는 표현을 쓴다.

例 新幹線で行くか、飛行機で行くか、まだ決めていません。

신칸센으로 갈지 비행기로 갈지 아직 안 정했어요.

コーヒーにするか、紅茶にするか決めましたか。

커피로 할지 홍차로 할지 정했나요?

家に帰るかどうか分かりません。

집에 돌아갈지 어떨지 모르겠습니다.

🌐 ～(よ)うか～(よ)うか ~할까 ~할까

「～(よ)うか～(よ)うか」는 선택의 상황에서 '~할까 ~할까'라는 뜻으로 의지형 「～(よ)う」에
「か」를 연결하여 표현한다.

例 ご飯にしようか、パンにしようか。 밥으로 할까 빵으로 할까?

歩いて行こうか、地下鉄で行こうか。 걸어서 갈까 지하철로 갈까?

🌐 ～についての ~에 대한

「～について」는 '~에 대하여', 「～についての」는 '~에 대한'이라는 뜻으로 둘 다 많이 쓰는 표현
이다.

例 ワクチン接種についてのご案内です。

백신 접종에 대한 안내입니다.

引っ越しについてのお問い合わせはこちらです。

이사에 대한 문의는 이쪽입니다.

新型コロナウイルス感染症についてのお知らせです。

신형 코로나 바이러스 감염증에 대한 공지입니다.

～がほしい　~을 원하다, ~이 갖고 싶다

「ほしい」에는 '갖고 싶다', '탐나다', '~이 있으면 좋겠다'라는 뜻이 있다. 갖고 싶은 사물에 연결할 때는 「～がほしい」의 형태로 쓰며, 조사는 「が」를 쓴다. 그리고 우리말에서도 제3자가 주어가 될 때는 '갖고 싶다'가 아니라 '갖고 싶어 하다'라고 표현하듯이 일본어에서도 3인칭이 주어가 될 때는 「ほしがる」라는 동사를 써서 표현한다. 이때 조사는 「を」를 쓴다.

예　私は新しい靴がほしい。
　　나는 새 구두를 갖고 싶다.

　　若い人たちは働ける職場がほしいのである。
　　젊은이들은 일할 직장을 원하는 것이다.

　　成人の日に花と香水がほしいと思う女性は多いだろう。
　　성인의 날에 꽃과 향수를 갖고 싶어 하는 여성은 많을 것이다.

　　弟は時計をほしがっている。
　　남동생은 시계를 갖고 싶어 하고 있다.

주어가 3인칭이라도 예문 「若い人たちは働ける職場がほしいのである。」와 같이 단정의 의미로 쓰였을 때나 「成人の日に花と香水がほしいと思う女性は多いだろう。」와 같이 수식어의 역할을 할 때는 「～がほしい」로 사용된다.

新幹線 신칸센 ・ 決める 정하다, 결정하다 ・ ～にするか～にするか ~로 할지 ~로 할지
～かどうか ~(할)지 어떨지, ~(할)지 말지 ・ パン 빵 ・ 歩く 걷다 ・ 地下鉄 지하철 ・ ～について ~에 대하여
ワクチン 백신 ・ 接種 접종 ・ 引っ越し 이사 ・ 問い合わせ 문의 ・ 新型 신형 ・ コロナ 코로나
ウイルス 바이러스 ・ 感染症 감염증 ・ お知らせ 알림, 공지 ・ ほしがる 갖고 싶어 하다 ・ 靴 신발, 구두
若い人 젊은이, 젊은 사람 ・ ～たち ~들 ・ 働ける 일할 수 있다 (기본형 働く) ・ 職場 직장
～のである ~(한) 것이다 ・ 成人の日 성년의 날 ・ 花 꽃 ・ 香水 향수 ・ 女性 여성 ・ 時計 시계

客　梨泰院に行きたいのですが、どうやって行けばいいですか。

スタッフ　午前１０時から午後７時まで、ホテルのシャトルバスが３０分ごとに出ています。ホテルの入口でお乗りください。

客　帰ってくる時はどこで乗ればいいですか。

スタッフ　降りた場所でお乗りいただけます。こちらがシャトルバス運行時刻表でございます。ホテルの出発時間と梨泰院の出発時間をご確認ください。

客　はい、分かりました。今年こそ梨泰院に行ってみないと。

梨泰院 이태원 〈지명〉 ・ どうやって 어떻게 (해서) ・ シャトルバス 셔틀버스 ・ ～ごとに ～마다
出る 나가다, 출발하다 ・ 入口 입구 ・ 帰ってくる 돌아오다 ・ 降りる 내리다 ・ 場所 장소 ・ 運行 운행
～こそ ～야말로 ・ ～てみる ～해 보다 ・ ～ないと ～하지 않으면 ・ ～てみないと ～해 봐야지

문법&문형

～ごとに ~마다, ~간격으로

「～ごと」는 '~마다'로 해석되며, '그때마다'라는 의미를 나타내기도 하고, '저마다', '각각'이라는 의미를 나타내기도 한다.

예 シャトルバスが３０分ごとに出ています。 매 30분마다 셔틀버스가 운행되고 있습니다.

３ヶ月ごとに試験を受けます。 3개월마다 시험을 봅니다.

グループごとに自由に話してください。 그룹별로 자유롭게 이야기해 주세요.

～こそ ~야말로

「～こそ」는 특히 그 말을 내세워 강조할 때 '~야말로'라는 의미로 쓰이는 표현이다. '~이기 때문에 (더더욱)'의 뜻으로 이유를 강조할 때 「～からこそ」라는 표현을 쓰기도 한다.

예 こちらこそよろしくお願いします。 저야말로 잘 부탁드립니다.

今度こそやり遂げて見せる。 이번에야말로 해낼 거야.

苦しいからこそ、達成感と喜びが大きいのだ。
고통스럽기 때문에 더 성취감과 기쁨이 큰 것이다.

～ないと ~하지 않으면, ~해야지

「～ないと」는 「～ないといけない」에서 「いけない」를 생략한 형태로, 이 표현이 문장 끝에 쓰였을 때는 주로 '~하지 않으면 (안 되겠다)', '~해야겠다', '~해야지'의 뜻으로 쓰인다.

예 今年こそ梨泰院に行ってみないと。 올해야말로 이태원에 꼭 가 봐야지.

また次のテストのために頑張らないと。 또 다음 시험을 위해 열심히 해야지.

試験を受ける 시험을 보다, 응시하다 ・ グループ 그룹 ・ ～からこそ ~(하)기 때문에 (더욱)
こちらこそ 저야말로, 이쪽이야말로 ・ 今度 이번 ・ やり遂げる 완수하다 ・ 苦しい 괴롭다, 고통스럽다
達成感 달성감, 성취감 ・ 喜び 기쁨 ・ 大きい 크다 ・ 次 다음 ・ 頑張る 분발하다, 열심히 하다, 힘내다

客　　　　この近くにコンビニはありますか。

スタッフ　ホテルの正門から左に少し上がって行くと、すぐコンビニがあります。

客　　　　ありがとうございます。それから、地下鉄の駅はどこにありますか。

スタッフ　あちらの横断歩道を渡った後、右に少し歩くと、地下鉄の駅が見え
　　　　　てきます。

客　　　　何分ぐらいかかりますか。

スタッフ　ここから約１０分ぐらいです。どちらまで行かれますか。

客　　　　まず、ソウル駅で列車に乗って、大田を経て堤川に行こうと思います。

スタッフ　さようでございますか。お気をつけて行ってらっしゃいませ。

近く 근처, 주변 ・ コンビニ 편의점 ・ 正門 정문 ・ 左 왼쪽 ・ 駅 역 ・ 横断報道 횡단보도 ・ 渡る 건너다
～た後 ～한 뒤 ・ 右 오른쪽 ・ 見えてくる 보이다, 보이기 시작하다 ・ 何分 몇 분 ・ ソウル駅 서울역
大田 대전〈지명〉 ・ 経る 경유하다, 지나다 ・ 堤川 제천〈지명〉 ・ ～(よ)うと思う ～려고 생각하다
行ってらっしゃいませ 다녀오십시오 (行っていらっしゃいませ에서 い가 생략된 형태)

문법&문형

～た後 ~한 후

「～た後」는 「～てから(~고 나서)」와 같은 뜻으로 쓰이는 표현으로 '~한 후'라는 뜻이므로 과거형에 접속한다. 7과 기본회화에 나온 「～てから」와 함께 학습해 두자.

> 예　ご飯を食べた後コーヒーを飲みます。 밥을 먹은 후 커피를 마십니다.
> 食事をしてからコーヒーを飲みます。 식사를 하고 나서 커피를 마십니다.

「経つ」와 「経る」

「経つ」는 '(때가) 지나다, 경과하다'의 뜻이며, 「経る」는 '(때가) 지나다, 경과하다'라는 뜻 외에 '(장소를) 지나다, 통과하다, 거치다', '(과정을) 거치다' 등의 뜻이 있다. 두 단어를 혼동하지 않도록 주의하자.

> 예　暖房をつけて３０分経ちましたが、まだ寒いです。
> 난방을 켜고 30분이 지났는데, 아직 추워요.
>
> ソウル駅で列車に乗って、大田を経て堤川に行きます。
> 서울역에서 열차를 타고 대전을 거쳐 제천에 갑니다.

～(よ)うと思う ~(하)려고 생각하다

「～(よ)うと思う」는 자신의 계획을 말할 때 '~(하)려고 생각하다'라는 뜻으로 쓰는 표현이다. 의지형 「～(よ)う」에 「～と思う(~라고 생각하다)」를 연결한 표현이다.

> 예　来年、東京に行こうと思います。 내년에 도쿄에 가려고 생각합니다.
> 一生懸命勉強しようと思っています。 열심히 공부하려고 생각하고 있습니다.

来年 내년 ・ 一生懸命(に) 열심히

연습문제

I. 보기와 같이 ⓐ~ⓓ를 밑줄 친 곳에 알맞은 형태로 넣어 말해 보세요.

1.
> **보기**
>
> ⓐ 今年　ⓑ 梨泰院に行ってみる　ⓒ 去年　ⓓ 時間がない
>
> A : ⓐ 今年こそ ⓑ 梨泰院に行ってみないと。
>
> B : そうだね。ⓒ 去年は ⓓ 時間がなかったからね。

① ⓐ 今日　　　ⓑ 彼女に会う　　　　ⓒ 昨日　　　ⓓ 暇がない

② ⓐ 今度　　　ⓑ このホテルに泊まってみる　ⓒ 先月　　　ⓓ 満室

③ ⓐ 冬休み　　ⓑ ヨーロッパに行ってみる　ⓒ 夏休み　　ⓓ 蒸し暑い

2.
> **보기**
>
> ⓐ ツアー　ⓑ ツアーバス　ⓒ ２０分
>
> A : 明日の ⓐ ツアーにお申し込みされますか。
>
> B : はい。
>
> A : ⓑ ツアーバスは ⓒ ２０分ごとに出ています。

① ⓐ 宴会　　　　ⓑ ミニバス　　　ⓒ １５分

② ⓐ コンサート　ⓑ シャトルバス　ⓒ ５分

③ ⓐ イベント　　ⓑ 観光バス　　　ⓒ ３０分

去年 작년 · **暇がない** 여유가 없다, 짬이 없다 · **先月** 지난달 · **満室** 만실 · **冬休み** 겨울 방학, 겨울 휴가
ヨーロッパ 유럽 · **ツアーバス** 투어 버스 · **宴会** 연회 · **ミニバス** 미니 버스 · **コンサート** 콘서트
観光バス 관광버스

3.

> **보기**
>
> ⓐ どちら　　ⓑ KTX に乗る　　ⓒ 光明　　ⓓ 全州
>
> A：ⓐ どちらまで行かれますか。
> B：ⓑ KTX に乗って、ⓒ 光明を経て ⓓ 全州まで行きます。

① ⓐ どの国　　　ⓑ 飛行機に乗る　　ⓒ 日本　　　ⓓ メキシコ

② ⓐ どの地方　　ⓑ 列車に乗る　　　ⓒ 忠清道　　ⓓ 全羅道

③ ⓐ どちら　　　ⓑ 高速バスに乗る　ⓒ 東の江陵　ⓓ 南の浦項

II. 음원을 듣고 다음 회화문을 완성해 보세요. ⊙ Track 59

1.　A　シャトルバスは＿＿＿＿＿＿＿＿＿＿＿＿＿＿＿＿＿＿＿＿。

　　　B　帰ってくる時はどこで乗ればいいですか。

2.　A　地下鉄の駅はどこにありますか。

　　　B　横断歩道を渡った後、＿＿＿＿＿＿＿＿＿＿＿、地下鉄の駅が見えてきます。

3.　A　どちらまで行かれますか。

　　　B　まず、ソウル駅で列車に乗って、＿＿＿＿＿＿＿＿＿＿＿＿＿＿＿＿＿＿。

KTX 한국고속철도 ・ 光明 광명〈지명〉・ 全州 전주〈지명〉・ メキシコ 멕시코 ・ 地方 지방
忠清道 충청도〈지명〉・ 全羅道 전라도〈지명〉・ 高速バス 고속버스 ・ 東 동쪽 ・ 江陵 강릉〈지명〉・ 南 남쪽
浦項 포항〈지명〉

표현 UP! | 길 안내, 관광 안내에 쓰이는 다양한 표현

추천 관광지는 어디인가요?	お勧めの観光スポットはどこですか。
가장 인기 있는 곳은 어디인가요?	一番人気のスポットはどこですか。
여기 있습니다. 이것은 한국어 가이드북입니다.	どうぞ。こちら韓国語のガイドブックです。
(지도를 가리키며) 현재 위치는 여기입니다.	現在地はここです。
저쪽으로 가시면 됩니다.	あちらにお進みください。
왼쪽으로 가 주십시오.	左の方にお進みください。
앞으로 직진하시면 됩니다.	前方にまっすぐお進みください。
길을 건너 주십시오.	道をお渡りください。
83번 버스를 타시고 시청에서 내리십시오.	83番のバスに乗って市役所でお降りください。
대중교통으로 가시려면 갈아타야 해서 불편합니다. 택시를 이용하시는 것이 좋습니다.	公共交通機関だと、乗り換えなければならないので不便です。タクシーを利用なさった方がいいです。
택시를 이용하시면, 약 7,000원 정도 나옵니다.	タクシーですと、7,000ウォンほどになります。
바로 저기입니다.	すぐそこでございます。
그렇게 말씀해 주시니 정말 감사합니다.	そのようにおっしゃっていただけますと、大変ありがたいです。
이 호텔의 고객이십니까? 방 번호 부탁드립니다.	お泊まりのお客様ですか。お部屋番号をお願い致します。

'해외 유튜버'들이 추천하는 한국 여행지는 어디일까요?

1. K-Pop 팬이라면 '강원도 주문진'으로!

   최근 해외 K-Pop 팬들이 늘어나면서 그들이 향하는 곳은 '좋아하는 스타들'의 발걸음이 닿은 곳이 됐는데요. 아티스트의 방송 현장을 관람하거나, 증강현실 체험으로 함께 촬영하는 체험 프로그램 등을 제공하고 있는 SM 아티움 뮤지엄에는 관람객들의 발길이 끊이질 않는다고 합니다. 강릉시 주문진 해변에는 방탄소년단(BTS)의 앨범 사진 속의 버스정류장을 동일 장소에 재현한 포토존이나, 드라마 '도깨비' 촬영지로 알려진 해안 방파제가 역시 국내외 관광객들의 SNS 인증 사진 명소로 각광받고 있다고 하네요.

2. KTX를 타고 한국의 주요 도시를 여행하는 관광객들도 있는가 하면, 도심과 가까운 산과 사찰을 찾는 외국인들도 있는데요. 한국은 도심이나 외곽에 있는 산과의 접근성이 용이하고, 지하철이나 버스에서 내리면 금방 산으로 향할 수 있다는 점이 매력으로 꼽히고 있습니다. 특히 절에서 운영하는 '템플스테이'는 힐링을 필요로 하는 외국인들에게 인기 있는 체험 프로그램으로 자리매김하고 있습니다.

3. 야구 경기와 응원의 재미를 빼놓을 수 없죠. 우리나라의 야구 응원 문화에 외국인들이 빠져들고 있는 듯합니다. 응원가에 맞춰 박수 치고 맘껏 소리를 지르다 보면 스트레스 해소도 돼고, 맛있는 맥주와 치킨, 피자를 먹을 수 있다는 사실에 열광한다고 하네요. 스포츠를 즐기는 외국인이 있다면 한국의 야구 응원 문화를 소개하면 어떨까요?

부 록

☀ Ⅰ. 회화문 해석

본문 회화의 해석은 최대한 호텔에서 사용할 만한 자연스러운 한국어가 되도록 의역으로 작성했습니다. 같은 상황에서 일본어와 한국어가 어떻게 다르게 표현되는지 같은 의미를 어떻게 다르게 전달하는지 비교 학습하는 데에도 도움이 되기를 바랍니다.

제1과 레스토랑 예약

기본회화 레스토랑에서 예약 전화 받기

직원 (안녕하십니까?) 산수 한식당입니다.
고객 이번 주 토요일 저녁에 예약을 하려고 하는데요.
직원 네, 고객님, 이번 주 토요일, 9월 13일 말씀이시죠?
고객 네, 맞습니다.
직원 예약하실 시간을 알려 주시겠습니까?
고객 7시입니다.
직원 알겠습니다. 몇 분 예정이십니까?
고객 네 명입니다.
직원 예약하시는 분의 성함과 연락처 부탁드립니다.
고객 제 이름은 다나카이고, 제 전화번호는 090-1234-5678입니다.
직원 네, 다나카 님. 9월 13일 저녁 7시에 네 분, 다나카 님의 성함으로 예약 잘 되었습니다. 전화 주셔서 감사합니다.

응용회화 1 창가 자리 예약을 원하는 경우

고객 죄송하지만, 될 수 있으면 창가 쪽으로 예약이 가능할까요? 그날 제 아내 생일이거든요.
직원 아, 그렇습니까? 잠시만 기다려 주세요.
마침, 창가 테이블이 있습니다. 다른 요청 사항은 없으십니까?
고객 네, 없습니다. 그럼 잘 부탁드립니다.
직원 네, 알겠습니다. 그럼, 9월 13일 저녁에 뵙겠습니다.

응용회화 2 시간을 변경하는 경우

고객 조금 전에 전화한 다나카입니다.
9월 13일 오후 7시로 예약했는데, 조금 일찍 도착할 것 같습니다. 오후 6시에서 6시 30분 사이가 될 것 같은데요….
직원 그럼, 6시 30분으로 예약 시간을 변경해 드릴까요?
고객 네, 그렇게 해 주세요.
직원 알겠습니다. 9월 13일 오후 6시 30분으로, 예약 시간을 30분 앞당기면 될까요? 혹, 변동이 있으시면, 언제든지 연락 주십시오.

제2과 고객 맞이

기본회화 고객 맞이하기

직원 안녕하십니까? 고객님, 예약하셨습니까?
고객 네, 오후 6시 반, 다나카 이름으로 예약했습니다.
직원 아, 다나카 님, 기다리고 있었습니다.
사모님, 오늘 생신이시지요? 생신 축하드립니다. 제가 예약하신 창가 쪽 테이블로 안내해 드리겠습니다.
이쪽으로 오시겠습니까?
직원 (테이블을 가리키며) 예약하신 테이블입니다.
고객 고마워요. 전망이 참 좋네요.
직원 가방과 코트는 보관해 드릴까요?
고객 네, 부탁드립니다.
직원 가방 안에 귀중품은 없습니까?
고객 없습니다.
직원 감사합니다. 그럼, 곧 메뉴 준비해 드리겠습니다.

응용회화 1 예약하지 않은 고객 응대하기

직원 안녕하십니까? 고객님, 예약하셨습니까?
고객 아니요, 못했습니다. 일행이 모두 세 명인데, 조용한 자리가 있나요?
직원 (예약 화면을 보며) 마침 안쪽에 자리가 있습니다. 제가 안내해 드리겠습니다. 이쪽으로 오시겠습니까?
고객 다행이네요. 다음에는 꼭 예약을 해야겠네요. 고마워요.

응용회화 2 자리가 없는 경우

직원 안녕하십니까? 몇 분이십니까?

고객 한 명입니다. 예약을 안 했는데, 자리가 있나요?

직원 죄송합니다. 지금 좌석이 만석이라 자리가 없는데, 합석도 괜찮으신가요?

고객 네, 합석도 좋습니다.

직원 그럼, 잠시만 기다려 주십시오.
　　　　(잠시 후) 자리가 준비되었습니다.
　　　　이쪽으로 오시겠습니까?

응용회화 2 추가 주문 받기

고객 (손을 올리며) 실례합니다.

직원 네, 고객님.

고객 추가로 음식을 주문하고 싶은데, 메뉴 좀 다시 갖다주시겠어요?

직원 네, 여기 있습니다.

고객 생선초밥이 맛있네요. 생선초밥 1인분과 계란찜 하나 추가로 주문해 주세요. 그리고 일본주 한 잔 더 갖다주세요.

제3과 식사 주문

기본회화 식사 주문 받기

직원 안녕하십니까? 고객님, 주문 도와드리겠습니다.

고객 한국 음식을 먹고 싶은데, 추천해 주실 만한 음식이 있나요?

직원 알레르기는 없으신가요?

고객 아니요, 없습니다.

직원 저희 식당에서는 밥에 여러 가지 나물을 넣어 비벼서 먹는 비빔밥과 따뜻한 국물이 있는 갈비탕이 인기가 있습니다.
　　　　(메뉴 사진을 가리키며) 여기 사진을 참고하시면 되겠습니다.

고객 아, 맛있어 보이네요.
　　　　그럼, 비빔밥 하나랑 갈비탕 하나 주세요.

직원 네, 알겠습니다. 식사 전 음료를 준비해 드릴까요?

고객 아니요. 괜찮습니다. 따뜻한 차가 있으면 좋겠습니다.

직원 네, 곧바로 갖다드리겠습니다.

응용회화 1 음료 주문 받기

직원 음료는 무엇으로 준비해 드릴까요?

고객 와인 한 잔 하고 싶은데, 어떤 것이 좋을까요?

직원 주문하신 스테이크와 잘 어울리는 레드와인은 어떠십니까?

고객 그거 좋습니다. 와인 리스트 있나요?

직원 네. 여기 있습니다. 이쪽에 하우스 와인도 있고, 여러 나라의 와인도 준비되어 있습니다.
　　　　천천히 보시고 고르시면 불러 주시기 바랍니다.

제4과 카페에서의 주문

기본회화 카페에서 주문 받기

직원 안녕하세요. 고객님, 주문하시겠습니까?

고객 네, 아메리카노 한 잔과 카푸치노 한 잔 부탁드려요.

직원 따뜻한 것과 시원한 것이 있는데, 어떤 것으로 준비해 드릴까요?

고객 따뜻한 것으로 주세요.

직원 가격은 9,200원입니다.

고객 (만 원을 건네며) 여기에 있습니다.

직원 만 원 받았습니다. 여기 잔돈 800원 드립니다. 매장 안에서 드시나요?

고객 네, 여기에서 마실 겁니다.

직원 네, 그러시면 머그잔으로 준비해 드리겠습니다.
　　　　(진동벨을 건네며) 이쪽에 빨간 불이 들어오면, 저쪽에서 커피를 픽업하시면 됩니다.

고객 네, 알겠습니다. 감사합니다.

응용회화 1 호텔 커피숍에서 주문 받기

직원 안녕하십니까? 고객님, 주문 도와드리겠습니다.

고객 한국 전통차가 있나요?

직원 네, 인삼차와 생강차, 그리고 유자차가 있습니다.

고객 오늘 날씨가 좀 추워서 유자차가 좋을 것 같네요. 유자차 두 잔 부탁해요.

직원 네, 알겠습니다. 유자차 두 잔, 곧바로 갖다드리겠습니다.

응용회화 2　디저트 주문 받기

고객　디저트로 케이크를 주문하고 싶은데, 어떤 것이 좋을까요?

직원　저희 매장에서는 티라미슈와 블루베리치즈케이크가 인기가 있는데, 이 케이크는 어떠세요?

고객　그럴까요? 그럼 티라미슈와 블루베리치즈케이크한 조각씩 주세요.

제5과　룸서비스

기본회화　룸서비스 주문 받기

직원　(안녕하십니까?) 룸서비스입니다. 무엇을 도와드릴까요?

고객　702호인데요. 시간이 좀 늦었는데, 지금 주문이 가능한가요?

직원　네, 가능합니다. 고객님, 무엇으로 주문해 드릴까요?

고객　맥주 두 병과 장어덮밥 1인분, 계란찜 한 개 부탁합니다.

직원　장어덮밥은 시간이 좀 걸려서 40분 정도 소요되는데, 괜찮으시겠습니까?

고객　네, 괜찮습니다.

직원　네. 그럼 주문하신 장어덮밥과 계란찜 그리고 맥주두 병, 가능한 한 빨리 객실로 올려드리겠습니다.

고객　40분 기다린다고 했는데… 어쩌지… 빨리 먹고 싶어서 못 참겠어!

응용회화 1　객실 앞에서

직원　고객님, 프런트입니다. 외출 중이실 때 받아 놓은우편물을 배달하러 방문하겠습니다.

고객　네, 그리고 룸서비스도 부탁합니다.

직원　알겠습니다.

고객　(잠시 후, 객실 벨 소리를 듣고) 누구세요?

직원　네, 룸서비스입니다. 주문하신 음식과 우편물을가지고 왔습니다.

고객　(문을 열어 주며) 들어오세요.

직원　식사는 어느 쪽에 놓아 드릴까요?

고객　창가 쪽으로 부탁합니다.

직원　(창가 쪽으로 식사 테이블을 놓으며) 더 필요하신것은 없으십니까?

고객　아니요, 특별히 없어요.

직원　편안한 시간 되십시오. 감사합니다.

응용회화 2　추가 서비스 요청에 응대하기

고객　얼음이 좀 필요한데, 얼음을 좀 갖다줄 수 있나요?

직원　고객님, 각 층마다 코너에 아이스 벤딩 머신이 있습니다. 그쪽을 이용해 주시고, 얼음 담는 아이스박스는 미니바 (냉장고) 위에 있습니다.

고객　아하. 그렇군요. 네 알겠습니다. 참! 그리고 저녁에친구가 온다고 해서요. 보조 침대 가능할까요?

직원　네, 보조 침대를 준비해 드리겠습니다.

고객　아, 다행이네요.

직원　다만, 객실이 좁을 수 있는데, 괜찮으시겠습니까?

고객　괜찮습니다. 고마워요.

제6과　고객 안내

기본회화　호텔 현관에서 안내하기

직원　안녕하십니까? H호텔에 오신 것을 환영합니다.

고객　아! 드디어 도착했네요.

　　　택시 요금은 63,000원인데, 운전기사는 7만 원을내라고 하네요. 잘못된 거 아닌가요?

직원　고객님, 공항에서 오셔서 톨게이트 비용 6,600원이 추가됩니다.

고객　아, 그렇군요.

　　　(택시 기사님께) 여기 7만 원입니다. 거스름돈은괜찮습니다.

직원　제가 프런트 데스크로 안내해 드리겠습니다. 가방은 모두 세 개가 맞습니까?

고객　네, 맞습니다.

직원　체크인 수속을 마치시고 나면 벨맨이 객실까지 안내해 드릴 것입니다.

고객　고맙습니다.

응용회화 1　객실로 안내하기

직원　(체크인 수속을 마친 후) 나카무라 님, 여기 보시는곳이 로비 라운지입니다. 밤 12시까지 영업하고 있습니다.

　　　(엘리베이터 안에서) 지하 1층에는 스파와 수영장그리고 체육관이 있습니다. 조식은 1층 카페에서오전 7시부터 드실 수 있습니다. 나카무라 님, 먼저내리시겠습니까? 내리셔서 왼쪽으로 가시면 됩니다.

　　　(객실 앞에서) 문을 여실 때에는 여기 손잡이 위에

있는 버튼을 먼저 누르시고, 룸 키를 버튼 위에 대
시면, 녹색 불이 들어오면서 문이 열립니다.
(객실 안에서) 짐은 어느 쪽에 놓아 드릴까요?

손님 침대 옆에 놓아 주십시오.

응용회화 2 환송하기-짐 옮기기

직원 (객실 앞에서) 안녕하십니까? 고객님, 벨 서비스입
니다.
들어가도 될까요? 숙박은 즐거우셨습니까?

고객 네. 여유롭게 쉴 수 있어서 즐거웠습니다.

직원 다행입니다. 체크아웃 하시기 전에 짐을 먼저 내려
놓겠습니다.
여기, 짐표(luggage tag) 있습니다.
짐은 1층 벨 데스크에서 찾으시면 됩니다.
그럼, 먼저 짐을 가지고 내려가 있겠습니다.

제7과 프런트 데스크① - 객실 체크인

기본회화 객실 체크인 하기

직원 안녕하십니까? H호텔에 오신 것을 환영합니다. 고
객님, 체크인 하시겠습니까? 성함 부탁드립니다.

고객 다나카, TANAKA입니다.

직원 실례지만 여권 좀 보여 주시겠습니까?
(여권을 받으며) 감사합니다.
오늘부터 2박으로 일반객실, 킹사이즈 베드로 예
약되어 있는데 맞습니까?

고객 네, 맞습니다. 될 수 있으면 높은 층 객실로 부탁드
립니다.

직원 네. 마침 높은 층 객실이 있어서 준비해 드리겠습
니다. (숙박 카드의 객실 요금과 서명란을 가리키
며) 고객님, 이것이 객실 가격입니다.
이곳에 서명해 주시겠습니까?

고객 여기에 서명하면 되죠?

직원 네. 지불은 어떻게 하시겠습니까?

고객 (신용카드를 건네며) 이 카드로 계산하겠습니다.

직원 감사합니다. (객실 키를 건네며) 다나카 님, 여기
(손으로 가리키며) 객실 번호와 객실 키입니다.

고객 모든 수속이 끝나고 나서 방으로 짐을 갖다주는 겁
니까?

직원 네, 짐은 잠시 후에 담당 직원이 방으로 가져다드
립니다.

혹, 궁금하신 점이 있으시면, 언제든지 프런트 데
스크로 전화 주시기 바랍니다. 즐거운 시간 되시길
바랍니다.

응용회화 1 출발하는 교통편 확인하기

직원 다나카 님, 체크아웃 하시는 날 공항 가는 호텔 리
무진을 예약해 드릴까요?

고객 리무진 버스로 갈 예정인데, 여기서 몇 시에 출발
하면 됩니까?

직원 비행기 출발 시간에 따라 다릅니다. 세 시간 전에
버스를 타시면 여유 있게 도착하실 수 있을 것 같
습니다. 비행기 출발 시간은 언제입니까?

고객 CX-411, 4시 10분 출발입니다.

직원 그러시면, 호텔에서 1시에 출발하시는 것이 좋겠
습니다. 프런트에서 버스 티켓을 16,000원에 판매
하고 있어서, 체크아웃 하실 때에 구입하시면 되겠
습니다.

응용회화 2 예약 없이 온 고객 체크인 하기

직원 무엇을 도와드릴까요? 예약하셨습니까?

고객 이틀 정도 쓸 방이 필요한데 예약은 하지 않았습니다.

직원 잠시만 기다려 주시겠습니까? 방이 가능한지 확
인해 보겠습니다.
(확인 후) 마침 디럭스 룸으로 가능합니다.
1박에 27만 원이고 세금 10%와 봉사료 10%는 별
도로 추가됩니다.
이 객실로 준비해 드릴까요? 스즈키 님, 그 밖에
필요한 게 있으신가요?

고객 아니요, 괜찮습니다. 그 방으로 해 주세요. 계산은
현금으로 해도 되죠?

직원 네, 가능합니다.

제8과 프런트 데스크② - 객실 체크아웃

기본회화 객실 체크아웃 하기

직원 (안녕하십니까?) 체크아웃 하시겠습니까?

고객 네, 여기 객실 카드입니다.

직원 (확인 후) 숙박하시는 동안 불편하신 점은 없으셨
습니까?

고객 네. 조용하고 객실 정비도 잘 되어 있고, 식사도 맛
있었습니다. 게다가 직원들의 서비스도 좋아서 편

안히 잘 쉬셨습니다.

직원 잘 쉬셨다니, 제가 기쁩니다. 감사합니다. 미니바를 이용하신 것이 있으십니까?

고객 아니요. 영화를 보는 김에 미니바의 음료도 마시고 싶었습니다만, 좀체 짬이 나지 않아 그냥 쉬기만 했어요.

직원 네, 알겠습니다. (영수증을 프린트한 후) 다나카 님, 사용하신 내역 확인 부탁드립니다. 계산은 어떻게 하시겠습니까?

고객 (신용카드를 건네며) 여기 비자 카드로 지불하겠습니다.

직원 감사합니다. 여기 서명 부탁드립니다. 영수증 여기 있습니다.

응용회화 1 마지막 환송하기-로비에서

직원 야마다 님, 짐을 들어 드릴까요?

고객 괜찮아요. 그리 무겁지 않아서, 제가 가지고 갈 수 있습니다.

직원 알겠습니다. 더 필요하신 사항은 없으십니까?

고객 참, 리무진 버스 티켓을 사야 하는데, 여기서 살 수 있나요?

직원 네, 16,000원에 판매하고 있습니다.

고객 (현금을 건네며) 여기 있습니다.

직원 저희 호텔을 이용해 주셔서 진심으로 감사드립니다. 조만간 다시 만나 뵙기를 바랍니다. 즐거운 여행 되십시오.

응용회화 2 마지막 환송하기-도어 데스크에서

고객 엘리베이터에 사람이 많아서 하마터면 리무진 버스를 놓칠 뻔했네요.
인천공항으로 가는 리무진 버스를 타려고 하는데, 여기에서 기다리면 되나요?

직원 네, 고객님. 1시에 도착 예정이라, 조금만 기다려 주십시오. 곧 도착할 겁니다. 제가 짐을 들어 드리겠습니다.

고객 감사합니다.

직원 도착지까지 안전하게 가시기 바랍니다. 감사합니다.

기본회화 객실 시설 문제에 대응하기

직원 안녕하십니까? 프런트 데스크입니다.

고객 지금 막 체크인 한 717호인데, 세면대에 물이 잘 내려가지 않습니다. 방을 바꿔 주실 수 있나요?

직원 네, 고객님, 불편을 드려 정말 죄송합니다. 다른 객실로 바로 준비해 드리겠습니다.
지금 860호 디럭스 룸으로 객실 변경이 가능한데, 변경해 드릴까요?

고객 아, 그래요? 그럼 지금 객실 변경할 수 있도록 부탁드릴게요.

직원 네, 알겠습니다. 예약하신 객실보다 넓은 디럭스 룸이라 마음에 드실 것입니다.

고객 네, 알겠습니다.

직원 직원을 보내서 새로운 객실로 안내해 드리겠습니다. 잠시만 기다려 주시기 바랍니다.

고객 네, 부탁드려요.

응용회화 1 객실 카드 고장에 대응하기

직원 프런트 데스크입니다. 무엇을 도와드릴까요?

고객 좀 전에 체크인 한 701호입니다. 지금 객실로 들어가려고 하는데, 카드가 읽히질 않아요. 여러 번 시도했는데, 안 됩니다.

직원 아, 그렇습니까? 불편을 드려 죄송합니다.
카드에 이상이 있는 것 같은데, 죄송하지만, 잠시만 기다려 주십시오. 저희 직원이 곧바로 올라가도록 하겠습니다. 그리고, 고객님 앞으로 우편물이 와 있어서 갖다드리러 가겠습니다.

고객 알겠어요. 여기서 기다릴게요. 부탁합니다.

응용회화 2 클레임에 응대하기 - 체크아웃 상황에서

직원 고객님, 여기 사용하신 내역입니다. 확인 부탁드리겠습니다.

고객 여기 이 금액은 뭐지요? 난 미니바를 사용한 적이 없는데, 87,000원이 찍혀 있네요.

직원 미니위스키를 드신 걸로 되어 있는데, 이용하신 적이 없으신가요?

고객 네. 안 마셨습니다. 호텔에 투숙하는 동안 바빠서 미니바를 사용할 상황이 아니었습니다. 다시 확인해 주세요.

직원 네, 잠시만 기다려 주십시오.

(확인 후) 고객님, 정말 죄송합니다.

저희 직원의 실수로 다른 객실에서 사용한 내역이 고객님께 청구된 것 같습니다. 잘못 청구된 점에 대해 깊이 사과드립니다. 곧바로 수정하여 다시 보여 드리겠습니다.

제10과 고객 불만 해결하기② -시설부

기본회화 객실 난방 문제에 대응하기

직원 프런트 데스크입니다. 무엇을 도와드릴까요?

고객 네, 좀 전에 체크인 한 513호입니다. 객실이 너무 춥습니다. 난방을 켠 지 30분이 지났는데 뜨거운 바람이 나오지 않아요. 이거 고장 난 것 아닌가요?

직원 중앙난방 시스템이라, 조금만 기다리시면 따뜻해 질 것 같습니다.

고객 전혀 따뜻해지지 않는데…. 너무 썰렁해요.

직원 그럼, 곧바로 확인하도록 하겠습니다. 잠시만 기다려 주십시오.

고객 네. 부탁드려요. 그리고, 담요도 한 장 더 갖다주세요.

직원 네, 알겠습니다. 곧바로 올려 드리겠습니다.

시설부 직원 (객실 앞에서) 시설부입니다. 여기 요청하신 담요 가져왔습니다. 아직 추우세요?

고객 아! 고마워요. 이제 따뜻해졌어요. 난방 되는데 시간이 걸리네요.

시설부 직원 따뜻해졌다고 하시니 다행입니다. 도움이 필요하시면, 언제든 다시 연락 주십시오.

응용회화 1 객실 내 시설물 수리하기

직원 시설부입니다.

세면대를 수리하러 왔습니다. 들어가도 되겠습니까?

고객 네, 들어오세요. 이쪽입니다. 세면대 물이 잘 내려가지 않아요.

직원 불편을 드려 정말 죄송합니다. 수리하는 데 1시간 정도 걸릴 것 같은데, 괜찮으시겠습니까?

고객 그래요? 시간이 많이 걸리네요. 그럼, 저희는 식사 좀 하고 올게요.

그 사이에 수리해 주시면 될 것 같은데….

직원 감사합니다. 고객님, 가능한 한 빨리 수리하도록 하겠습니다.

응용회화 2 객실 내 전구 교체하기

고객 프런트죠? 여기 1001호인데, 천장의 불이 깜박거립니다. 전구를 갈아야 될 것 같아요.

직원 죄송합니다. 고객님, 곧바로 직원을 올려 보내도록 하겠습니다.

고객 아니요. 지금 쉬고 싶어서, 내일 아침 제가 나간 후에 수리해 주세요.

직원 알겠습니다. 그럼, 내일 아침에 나가실 때 프런트에 알려 주시면, 곧바로 전구를 교체하겠습니다.

고객 그런데, 저… 실은, 옆방이 시끄러워서 제가 쉴 수가 없어요…. 어떻게 안 될까요?

직원 불편하게 해 드려 죄송합니다. 조용히 해 달라고 요청하겠습니다.

제11과 하우스키핑

기본회화 객실 청소하기

직원 하우스키핑!

(천천히 객실에 들어서며) 실례합니다. 지금 객실 청소를 해도 괜찮으시겠습니까?

고객 지금 막 나가려고 했어요.

계속 객실 청소를 못해서…, 부탁합니다.

직원 네, 알겠습니다.

고객 얼마나 걸리나요?

직원 20분에서 30분 정도 걸릴 것 같습니다만.

고객 제가 방에서 일을 해야 해서, 밥만 먹고 곧바로 들어올 예정입니다.

직원 그러십니까? 고객님께서 돌아오시기 전까지는 깨끗하게 청소해 놓겠습니다.

고객 고마워요.

응용회화 1 세탁물 픽업하기

직원 (안녕하십니까?) 세탁 서비스입니다. 맡기실 세탁물이 있으신가요?

고객 내일 급히 정장이 필요해서, 이 양복과 와이셔츠를 오늘 안에 드라이크리닝 가능할까요?

직원 지금 세탁물을 맡기시면, 저녁 8시까지 세탁물을

받으실 수 있습니다. 하지만, 익스프레스 요청이라, 50% 추가 요금이 발생하는데, 괜찮으신가요?

고객　할 수 없지요. 내일 입어야 하니, 부탁드리겠습니다.

응용회화 2　분실물 접수하기

직원　분실물 관리 센터입니다. 무엇을 도와드릴까요?

고객　오늘 오전에 체크아웃 한 720호의 다나카입니다. 방에 제 안경을 두고 온 것 같은데, 그쪽에 맡겨진 안경이 있을까요?

직원　확인하는 동안 잠시만 기다려 주시겠습니까? (확인 후) 방에 있었습니다. 다행히 저희가 보관하고 있습니다.

고객　아, 있었어요? 다행이다.

직원　가지러 오시겠습니까? 아니시면, 저희가 택배로 보내 드릴까요? 택배 비용은 카드로도 지불이 가능합니다.

고객　택배로 부탁드립니다. 비용은 카드로 지불하겠습니다.

직원　네 알겠습니다. 택배 받으실 고객님 주소와 카드 번호 부탁드립니다.

제12과　관광 안내-컨시어지 서비스

기본회화　관광 안내하기

고객　DMZ로 여행하고 싶은데 여기서 예약이 가능한가요?

직원　네, 가능합니다. 여기 브로슈어에 있는 안내대로, 매일 오전 8시에 출발하는 프로그램이 있는데, 내일 예약해 드릴까요?

고객　네. 부탁드려요. 어른 두 명이 갈 예정입니다.

직원　네 알겠습니다. 지불은 어떻게 하시겠습니까? 객실로 청구하시거나 가이드에게 직접 계산하실 수 있습니다. 어느 쪽으로 하시겠습니까?

고객　가이드에게 직접 지불할까, 객실 요금에 합산할까…?

직원　객실 요금에 합산 하실 경우, 5%의 수수료가 있습니다.

고객　아, 그래요? 그럼, 가이드에게 직접 지불하도록 하겠습니다.

직원　여기 여행 예약 카드에 고객님 성함과 객실 번호를 기입해 주시기 바랍니다.

고객　비무장지대에 관한 설명서를 갖고 싶은데…, 혹시 설명서 있나요?

응용회화 1　셔틀버스 안내하기

고객　이태원에 가려고 하는데, 어떻게 가면 되죠?

직원　오전 10시부터 오후 7시까지 매 30분마다 호텔 셔틀버스가 운행되고 있습니다. 호텔 입구에서 이용하시면 됩니다.

고객　돌아올 때는 어디서 타면 되나요?

직원　내리신 곳에서 바로 타시면 됩니다. 여기 셔틀버스 운행 시간표 안내입니다. 호텔 입구에서 출발하는 시간과 이태원에서 출발하는 시간을 확인해 주십시오.

고객　네, 알겠어요. 올해야말로 이태원에 꼭 가 봐야지.

응용회화 2　길 안내하기

고객　이 근처에 편의점이 있나요?

직원　호텔 정문에서 왼쪽으로 조금만 올라가시면 바로 편의점이 있습니다.

고객　감사합니다. 그리고 지하철역은 어디에 있습니까?

직원　저기 앞에 보이는 횡단보도를 건너신 다음, 오른쪽으로 조금 걸어가시면, 지하철역이 보입니다.

고객　몇 분 정도 걸립니까?

직원　여기서 10분 정도 소요됩니다. 어디까지 가십니까?

고객　우선, 서울역으로 가서 기차를 타고 대전을 거쳐 제천으로 가려고 합니다.

직원　그러십니까? 아무쪼록 조심히 다녀오십시오.

제1과

I. 보기와 같이 ⓐ와 ⓑ를 밑줄 친 곳에 알맞은 형태로 넣어 말해 보세요.

1. [보기]

   A ⓐご希望のお時間をお伝えください。 원하시는 시간을 말씀해 주십시오.

   B ⓑ7時半です。 7시 반입니다.

① A ⓐご予約の日をお伝えください。 예약하실 날짜를 말씀해 주십시오.

   B ⓑ9月13日です。 9월 13일입니다.

② A ⓐご必要なものをお伝えください。 필요하신 것을 말씀해 주십시오.

   B ⓑタオルです。 수건입니다.

③ A ⓐお名前をお伝えください。 성함을 말씀해 주십시오.

   B ⓑ田中です。 다나카입니다.

2. [보기]

   A ⓐ3時の予約を2時に変更してもいいですか。

      3시 예약을 2시로 변경해도 될까요?

   B ⓑご予約の時間を1時間早めるということでよろしいでしょうか。

      예약 시간을 1시간 앞당기면 될까요?

① A ⓐ6時の予約を5時半に変更してもいいですか。

      6시 예약을 5시 반으로 변경해도 될까요?

   B ⓑご予約の時間を30分早めるということでよろしいでしょうか。

      예약 시간을 30분 앞당기면 될까요?

② A ⓐ5時の出発を4時に変えてもいいですか。

      5시 출발을 4시로 바꿔도 될까요?

   B ⓑご出発の時間を1時間早めるということでよろしいでしょうか。

      출발 시간을 1시간 앞당기면 될까요?

③ A ⓐ3時の訪問を3時30分に変更してもいいですか。

      3시 방문을 3시 30분으로 변경해도 될까요?

   B ⓑご訪問の時間を30分遅らせるということでよろしいでしょうか。

      방문 시간을 30분 늦추면 될까요?

3. [보기]

    A 早く ⓐ<u>着き</u>そうなんですが。 일찍 도착할 것 같은데요.

    B いつ頃になりそうですか。 언제쯤이 될 것 같으십니까?

    A ⓑ<u>午後６時から６時３０分の間</u>になりそうです。

       오후 6시에서 6시 30분 사이가 될 것 같습니다.

① A 早く ⓐ<u>始まり</u>そうなんですが。 일찍 시작할 것 같은데요.

   B いつ頃になりそうですか。 언제쯤이 될 것 같으십니까?

   A ⓑ<u>３０分後</u>になりそうです。 30분 후가 될 것 같습니다.

② A 早く ⓐ<u>終わり</u>そうなんですが。 일찍 끝날 것 같은데요.

   B いつ頃になりそうですか。 언제쯤이 될 것 같으십니까?

   A ⓑ<u>昼ごろ</u>になりそうです。 점심 때쯤이 될 것 같습니다.

③ A 早く ⓐ<u>送れ</u>そうですが。 일찍 보낼 수 있을 것 같은데요.

   B いつ頃になりそうですか。 언제쯤이 될 것 같으십니까?

   A ⓑ<u>５時前</u>になりそうです。 5시 전이 될 것 같습니다.

II. 음원을 듣고 다음 회화문을 완성해 보세요.

1. A <u>お名前をお願い致します</u>。 성함을 부탁드립니다.
   B 中村です。 나카무라입니다.

2. A 何名様でいらっしゃいますか。 (3人) 몇 분이십니까? (3명)
   B <u>３人</u>です。 세 명입니다.

3. A <u>ご希望のお時間をお伝えください</u>。 원하시는 시간을 말씀해 주십시오.
   B 午後１２時３０分です。 오후 12시 30분입니다.

第2課

I. 보기와 같이 ⓐ와 ⓑ를 밑줄 친 곳에 알맞은 형태로 넣어 말해 보세요.

1. [보기]

    A ⓐ<u>ご予約された</u>お席はこちらでございます。 예약하신 좌석은 이쪽입니다.
    B ⓑ<u>眺めが本当にいい</u>ですね。 전망이 참 좋네요.

① A ⓐ<u>ご予約された</u>お部屋はこちらでございます。 예약하신 객실은 이쪽입니다.

   B ⓑ<u>とても広い</u>ですね。 무척 넓군요.

② A ⓐ<u>ご注文されたお飲み物</u>はこちらでございます。주문하신 음료입니다.

　 B ⓑ<u>本当においしい</u>ですね。정말 맛있네요.

③ A ⓐ<u>ご注文されたお花</u>はこちらでございます。주문하신 꽃입니다.

　 B ⓑ<u>本当にきれい</u>ですね。정말 예쁘네요.

2. [보기]

　 A ⓐ<u>カバン</u>があるのですが。가방이 있는데요….

　 B ⓐ<u>カバン</u>を ⓑ<u>お預かり致</u>しましょうか。가방을 보관해 드릴까요?

　 A お願いします。부탁드립니다.

① A ⓐ<u>郵便物</u>があるのですが。우편물이 있는데요….

　 B ⓐ<u>郵便物</u>を ⓑ<u>お送り致</u>しましょうか。우편물을 보내 드릴까요?

　 A お願いします。부탁드립니다.

② A ⓐ<u>荷物</u>があるのですが。짐이 있는데요….

　 B ⓐ<u>荷物</u>を ⓑ<u>お持ち致</u>しましょうか。짐을 들어 드릴까요?

　 A お願いします。부탁드립니다.

③ A ⓐ<u>スーツケース</u>があるのですが。여행 가방이 있는데요….

　 B ⓐ<u>スーツケース</u>を ⓑ<u>お運び致</u>しましょうか。여행 가방을 옮겨 드릴까요?

　 A お願いします。부탁드립니다.

3. [보기]

　 A 申し訳ありませんが、ⓐ<u>満席</u>でございます。죄송합니다만, 만석입니다.

　 B ⓑ<u>予約して来</u>なければいけませんね。예약을 하고 와야겠네요.

① A 申し訳ありませんが、ⓐ<u>予約でいっぱい</u>でございます。

　 죄송합니다만, 예약이 다 찼습니다.

　 B ⓑ<u>相席</u>しなければいけませんね。합석해야겠네요.

② A 申し訳ありませんが、ⓐ<u>肉料理の注文は不可能</u>でございます。

　 죄송합니다만, 고기 요리 주문이 불가능합니다.

　 B ⓑ<u>魚料理を食べ</u>なければいけませんね。생선 요리를 먹어야겠네요.

③ A 申し訳ありませんが、ⓐ<u>禁煙席は満席</u>でございます。

　 죄송합니다만, 금연석은 만석입니다.

　 B ⓑ<u>喫煙席に座ら</u>なければいけませんね。흡연석에 앉아야겠네요.

Ⅱ. 음원을 듣고 다음 회화문을 완성해 보세요.

1. A <u>相席でもよろしければ、ご案内致します。</u> 합석이라도 괜찮으시면 안내해 드리겠습니다.

    B はい、<u>相席でも大丈夫です。</u> 네, 합석이라도 괜찮습니다.

2. A ご予約のお客様でいらっしゃいますか。 고객님, 예약하셨습니까?

    B <u>いいえ、予約はしていません。</u> 아니요, 예약은 안 했습니다.

3. A <u>ご予約されたお席はこちらでございます。</u> 예약하신 테이블입니다.

    B ありがとうございます。眺めが本当にいいですね。 고마워요. 전망이 참 좋네요.

제3과

Ⅰ. 보기와 같이 ⓐ와 ⓑ를 밑줄 친 곳에 알맞은 형태로 넣어 말해 보세요.

1. [보기]

    A ⓐ<u>刺身が食べ</u>たいんですが。 생선회를 먹고 싶은데요.

    B ⓑ<u>お刺身に致</u>しますか。 생선회로 하시겠습니까?(생선회로 해 드릴까요?)

    A はい。お願いします。 네, 부탁드립니다.

    ① A ⓐ<u>おみやげが買い</u>たいんですが。 기념 선물을 사고 싶은데요.

      B ⓑ<u>お人形に致</u>しますか。 전통 인형으로 하시겠습니까?

      A はい。お願いします。 네, 부탁드립니다.

    ② A ⓐ<u>お茶が飲み</u>たいんですが。 녹차를 마시고 싶은데요.

      B ⓑ<u>お茶に致</u>しますか。 녹차로 하시겠습니까?

      A はい。お願いします。 네, 부탁드립니다.

    ③ A ⓐ<u>今日のお勧めが食べ</u>たいんですが。 오늘의 추천 요리를 먹고 싶은데요.

      B ⓑ<u>今日のお勧めに致</u>しますか。 오늘의 추천 요리로 하시겠습니까?

      A はい。お願いします。 네, 부탁드립니다.

2. [보기]

    A ⓐ<u>追加で何か注文し</u>たいので、ⓑ<u>メニューを持ってきて</u>もらえますか。

    추가로 주문하고 싶은 것이 있는데요, 메뉴를 갖다주시겠어요?

    B はい、かしこまりました。 네, 알겠습니다.

    ① A ⓐ<u>サラダを注文し</u>たいので、ⓑ<u>サラダリストを見せて</u>もらえますか。

      샐러드를 주문하고 싶은데요, 샐러드 리스트를 보여 주시겠어요?

      B はい、かしこまりました。 네, 알겠습니다.

168

② A ⓐ<u>スパイシーなものを頼</u>みたいので、ⓑ<u>食べ物の辛さを教え</u>てもらえますか。

　매운 것을 주문하고 싶은데요, 음식이 매운 정도를 가르쳐 주시겠어요?

　B はい、かしこまりました。　네, 알겠습니다.

③ A ⓐ<u>野菜をたっぷりとり</u>たいので、ⓑ<u>肉と魚を抜い</u>てもらえますか。

　야채를 듬뿍 먹고 싶은데요, 고기와 생선을 빼 주시겠어요?

　B はい、かしこまりました。　네, 알겠습니다.

---

3. [보기]

A ⓐ<u>ステーキに合う何</u>かがほしいですが。　스테이크와 어울리는 뭔가가 있으면 좋겠는데요.

B ご注文なさった ⓐ<u>ステーキに合う</u>ものでございますか。ⓑ<u>ワイン</u>はいかがでしょうか。

　주문하신 스테이크와 어울리는 것 말씀이십니까? 와인은 어떠십니까?

① A ⓐ<u>ビビンバに合う何</u>かがほしいですが。　비빔밥과 어울리는 뭔가가 있으면 좋겠는데요.

　B ご注文なさった ⓐ<u>ビビンバに合う</u>ものでございますか。ⓑ<u>汁物のカルビタン</u>はいかがでしょうか。

　주문하신 비빔밥과 어울리는 것 말씀이십니까? 국물 요리인 갈비탕은 어떠십니까?

② A ⓐ<u>トッポッキに合う何</u>かがほしいですが。　떡볶이와 어울리는 뭔가가 있으면 좋겠는데요.

　B ご注文なさった ⓐ<u>トッポッキに合う</u>ものでございますか。ⓑ<u>辛くない海苔巻き</u>はいかがでしょうか。

　주문하신 떡볶이와 어울리는 것 말씀이십니까? 맵지 않은 김밥은 어떠십니까?

③ A ⓐ<u>お肉に合う何</u>かがほしいですが。　고기와 어울리는 뭔가가 있으면 좋겠는데요.

　B ご注文なさった ⓐ<u>お肉に合う</u>ものでございますか。ⓑ<u>さっぱりとした冷麺</u>はいかがでしょうか。

　주문하신 고기와 어울리는 것 말씀이십니까? 담백한 냉면은 어떠십니까?

Ⅱ. 음원을 듣고 다음 회화문을 완성해 보세요.

1. A <u>ご注文、何になさいますか</u>。　주문은 무엇으로 하시겠습니까?

　B <u>お勧めの料理はありますか</u>。　추천해 주실 만한 음식이 있나요?

2. A <u>刺身定食をお願いします</u>。　생선회 정식을 부탁드립니다.

　B かしこまりました。<u>メニューをお下げ致します</u>。　알겠습니다. 메뉴를 치워 드리겠습니다.

3. A <u>追加で注文したいので</u>、メニューを持ってきてもらえますか。

　추가로 주문하고 싶은데요, 메뉴를 갖다주시겠어요?

　B はい、メニューはこちらです。　네, 메뉴 여기 있습니다.

I. 보기와 같이 ⓐ와 ⓑ를 밑줄 친 곳에 알맞은 형태로 넣어 말해 보세요.

1. **[보기]**

　A　ⓐ<u>セーフティーボックス</u>を利_り用_{よう}したいのですが。세이프티 박스(금고)를 이용하고 싶은데요.

　B　はい、こちらでⓑ<u>ご説_{せつ}明_{めい}</u>させていただきます。네, 이쪽에서 설명드리겠습니다.

① A　ⓐ<u>サウナ</u>を利_り用_{よう}したいのですが。사우나를 이용하고 싶은데요.

　 B　はい、こちらでⓑ<u>ご案_{あん}内_{ない}</u>させていただきます。네, 이쪽에서 안내해 드리겠습니다.

② A　ⓐ<u>スパ</u>を利_り用_{よう}したいのですが。스파를 이용하고 싶은데요.

　 B　はい、こちらでⓑ<u>ご説_{せつ}明_{めい}</u>させていただきます。네, 이쪽에서 설명해 드리겠습니다.

③ A　ⓐ<u>シャトルバス</u>を利_り用_{よう}したいのですが。셔틀버스를 이용하고 싶은데요.

　 B　はい、こちらでⓑ<u>ご案_{あん}内_{ない}</u>させていただきます。네, 이쪽에서 안내해 드리겠습니다.

2. **[보기]**

　A　ⓐ<u>暑_{あつ}くなった</u>ら、ⓑ<u>エアコンをつけて</u>ください。더워지면 에어컨을 켜세요.

　B　はい、そうします。네, 그렇게 하겠습니다.

① A　ⓐ<u>スケジュールが変_かわった</u>ら、ⓑ<u>教_{おし}えて</u>ください。스케줄이 바뀌면 알려 주세요.

　 B　はい、そうします。네, 그렇게 하겠습니다.

② A　ⓐ<u>彼_{かのじょ}女に会_あった</u>ら、ⓑ<u>連_{れんらく}絡して</u>ください。그녀를 만나면 연락해 주세요.

　 B　はい、そうします。네, 그렇게 하겠습니다.

③ A　ⓐ<u>道_{みち}に迷_{まよ}った</u>ら、ⓑ<u>電_{でん}話_わして</u>ください。길을 못 찾으면 전화해 주세요.

　 B　はい、そうします。네, 그렇게 하겠습니다.

3. **[보기]**

　A　今_{きょう}日はⓐ<u>寒_{さむ}い</u>から、ⓑ<u>鍋_{なべりょうり}料理</u>がよさそうですね。오늘은 추워서 전골 요리가 좋을 것 같네요.

　B　はい、そうしましょう。네, 그렇게 해요.

① A　今_{きょう}日はⓐ<u>蒸_むし暑_{あつ}い</u>から、ⓑ<u>かき氷_{こおり}</u>がよさそうですね。

　　 오늘은 더우니까 빙수가 좋을 것 같네요.

　 B　はい、そうしましょう。네, 그렇게 해요.

② A　今_{きょう}日はⓐ<u>雨_{あめ}</u>だから、ⓑ<u>ちゃんぽん</u>がよさそうですね。

　　 오늘은 비가 오니까 짬뽕이 좋을 것 같네요.

B はい、そうしましょう。 네, 그렇게 해요.

③ A 今日は ⓐ眠いから、ⓑコーヒーがよさそうですね。

오늘은 졸려서 커피가 좋을 것 같네요.

B はい、そうしましょう。 네, 그렇게 해요.

Ⅱ. 음원을 듣고 다음 회화문을 완성해 보세요.

1. A 一万ウォンでお願いします。 만 원 내겠습니다(만 원으로 계산해 주세요).

   B 一万ウォンお預かり致します。 ８００ウォンのお返しでございます。

   만 원 받았습니다. 거스름돈 800원입니다.

2. A では、マグカップで準備させていただきます。 こちらが赤く光ったら、あちらからコーヒーをお受け取りください。

   그럼, 머그잔으로 준비하겠습니다. 이쪽에 빨간 불이 들어오면, 저쪽에서 커피를 픽업하시면 됩니다.

   B はい、分かりました。ありがとうございます。

   네, 알겠습니다. 감사합니다.

3. A アルコール類は何がありますか。

   술 종류로는 무엇이 있습니까?

   B シャンパンとウイスキーとラムがございます。 どちらになさいますか。

   샴페인과 위스키와 럼이 있습니다. 어느 것으로 하시겠습니까?

第5課

Ⅰ. 보기와 같이 ⓐ와 ⓑ를 밑줄 친 곳에 알맞은 형태로 넣어 말해 보세요.

1. [보기]

   A ちょっと遅くなったのですが…。ⓐルームサービスをしてもらえますか。

   좀 늦었는데요…. 룸서비스를 해 주실 수 있나요?

   B はい。ⓑただ今、ご注文を承ります。 네, 무엇으로 주문해 드릴까요?

① A ちょっと遅くなったのですが…。ⓐテレビを直してもらえますか。

   좀 늦었는데요…. TV를 고쳐 주실 수 있나요?

   B はい。ⓑ直ちに修理の者を手配致します。

   네. 바로 수리 담당자를 준비시키겠습니다.

② A ちょっと遅くなったのですが…。ⓐシャワータオルを持ってきてもらえますか。

   좀 늦었는데요…. 샤워 타올을 갖다주실 수 있나요?

   B はい。ⓑただ今、係の者を行かせます。

   네. 즉시 담당자를 보내겠습니다.

③ A ちょっと遅(おそ)くなったのですが…。ⓐトイレのドアを開(あ)けてもらえますか。

　　좀 늦었는데요…. 화장실 문을 열어 주실 수 있나요?

　 B はい。ⓑすぐにスタッフを向(む)かわせます。

　　네, 바로 직원을 객실로 보내겠습니다.

2. [보기]

　 A ⓐ花束(はなたば)をお届(とど)けに上(あ)がります。 꽃다발을 갖다드리러 올라가겠습니다.

　 B ⓑええ、お願(ねが)いします。 네, 부탁해요.

① A ⓐランドリーをお預(あず)かりに上(あ)がります。 세탁물을 수거하러 올라가겠습니다.

　 B ⓑはい、お願(ねが)いします。 네, 부탁해요.

② A ⓐアメニティーをご補充(ほじゅう)に上(あ)がります。 어메니티를 보충하러 올라가겠습니다.

　 B ⓑええ、お願(ねが)いします。 네, 부탁해요.

③ A ⓐ枕(まくら)をお取(と)り替(か)えに上(あ)がります。 베개를 교체하러 올라가겠습니다.

　 B ⓑありがとう。お願(ねが)いします。 고마워요. 부탁해요.

3. [보기]

　 A ⓐプルコギとサムゲタンを注文(ちゅうもん)しました。 불고기와 삼계탕을 주문합니다.

　 B 考(かんが)えただけでも ⓑ食(た)べたくてたまりません。 생각만 해도 먹고 싶어 견딜 수가 없어요.

① A ⓐディズニーランドのチケッを予約(よやく)しました。 디즈니랜드 티켓을 예약했습니다.

　 B 考(かんが)えただけでも ⓑ早(はや)く遊(あそ)びたくてたまりません。 생각만 해도 빨리 놀고 싶어 견딜 수가 없어요.

② A ⓐ西(にし)ヨーロッパの飛行機(ひこうき)のチケットを買(か)いました。 서유럽 비행기 티켓을 샀습니다.

　 B 考(かんが)えただけでも ⓑ早(はや)くエッフェル塔(とう)が見(み)たくてたまりません。

　　생각만 해도 빨리 에펠탑을 보고 싶어 견딜 수가 없어요.

③ A ⓐ展示会(てんじかい)の切符(きっぷ)を購入(こうにゅう)しました。 전시회 표를 구입했습니다.

　 B 考(かんが)えただけでも ⓑ早(はや)く見(み)たくてたまりません。 생각만 해도 빨리 보고 싶어 견딜 수가 없어요.

Ⅱ. 음원을 듣고 다음 회화문을 완성해 보세요.

1. A ウイスキー2本(ほん)と茶碗蒸(ちゃわんむ)しをお願(ねが)いします。 위스키 두 병과 달걀찜을 부탁해요.

　 B はい、ご注文(ちゅうもん)を承(うけたまわ)りました。 네, 주문받았습니다.

2. A 他(ほか)にご用件(ようけん)はございませんか。 더 필요하신 것은 없으십니까?

　 B いいえ、特(とく)にありません。 아니요, 특별히 없어요.

　 A どうぞ、ごゆっくりお過(す)ごしください。 失礼致(しつれいいた)します。 편안한 시간 되세요. 고맙습니다.

3. A 氷を持ってきてくれますか。 얼음을 갖다줄 수 있나요?

B お客様、恐れ入りますが、各階に製氷機がございますので、そちらをご利用いただけませんでしょうか。

고객님, 죄송합니다만, 각 층마다 아이스 벤딩 머신(제빙기)이 있으니 그것을 이용해 주시겠습니까?

第6과

I. 보기와 같이 ⓐ와 ⓑ를 밑줄 친 곳에 알맞은 형태로 넣어 말해 보세요.

1. **[보기]**

A ⓐ遊園地に行く予定ですか。 놀이공원에 갈 예정입니까?

B はい。そうなんですが、ⓑ時間が変更になっています。 네, 그렇지만 시간이 변경되었어요.

① A ⓐ放送局を訪問する予定ですか。 방송국을 방문할 예정입니까?

B はい。そうなんですが、ⓑ出張と重なっています。 네, 그렇지만 출장과 겹쳤어요.

② A ⓐキャンプ場を予約する予定ですか。 캠핑장을 예약할 예정입니까?

B はい。そうなんですが、ⓑ予約人数が増えています。 네, 그렇지만 예약 인원이 늘어났어요.

③ A ⓐ博物館を見学する予定ですか。 박물관을 견학할 예정입니까?

B はい。そうなんですが、ⓑスケジュールが変わっています。

네, 그렇지만 스케줄이 바뀌었어요.

2. **[보기]**

A ⓐお荷物の数は合っていますか。 짐 개수가 맞나요?

B はい、合っています。 네, 맞습니다.

A このあとはスタッフが ⓑご案内致します。 이후는 직원이 안내해 드릴 거예요.

① A ⓐ演説文の数は合っていますか。 연설문 수는 맞나요?

B はい、合っています。 네, 맞습니다.

A このあとはスタッフが ⓑご説明致します。 이후는 직원이 설명해 드릴 거예요.

② A ⓐ講演者の人数は合っていますか。 강연자 수는 맞나요?

B はい、合っています。 네, 맞습니다.

A このあとはスタッフが ⓑご紹介致します。 이후는 직원이 소개해 드릴 거예요.

③ A ⓐ出演者の名前は合っていますか。 출연자 이름은 맞나요?

B はい、合っています。 네, 맞습니다.

A このあとはスタッフが ⓑご案内致します。 이후는 직원이 안내해 드릴 거예요.

3. [보기]

A 横山さんは ⓐ入院中なんです。 요코야마 씨는 입원 중이에요.

B だから ⓑ見かけなかったんですね。 그래서 안 보였군요.

① A 横山さんは ⓐ海外旅行中なんです。 요코야마 씨는 해외여행 중이에요.

B だから ⓑ会えなかったんですね。 그래서 만날 수가 없었던 거군요.

② A 横山さんは ⓐ来れないんです。 요코야마 씨는 올 수 없어요.

B だから ⓑ返事がこなかったんですね。 그래서 답장이 없었던 거군요.

③ A 横山さんは ⓐ受賞したんです。 요코야마 씨는 수상을 했거든요.

B だから ⓑ嬉しかったんですね。 그래서 기뻤던 거군요.

Ⅱ. 음원을 듣고 다음 회화문을 완성해 보세요.

1. A お荷物はどちらに置きましょうか。 짐은 어느 쪽에 놓을까요?

B ベッドの横に置いてください。 침대 옆에 놓아 주세요.

2. A 当ホテルでの滞在はお楽しみになれましたか。 (저희 호텔에서의) 숙박은 즐거우셨습니까?

B はい。ゆっくりできて、楽しかったです。 네, 여유롭게 쉴 수 있어서 즐거웠습니다.

3. A チェックアウトなさる前にお荷物をお預かり致します。

체크아웃 하시기 전에 짐을 먼저 내려놓겠습니다.

B ありがとう。 고마워요.

第7과

I. 보기와 같이 ⓐ와 ⓑ를 밑줄 친 곳에 알맞은 형태로 넣어 말해 보세요.

1. [보기]

A ⓐパスポートを見せていただけますか。 여권을 보여 주시겠습니까?

B はい、こちらです。 여기 있습니다.

A ⓑチェックインの手続きが終わりました。 체크인 수속이 끝났습니다.

① A ⓐサインした紙を見せていただけますか。 서명하신 종이를 보여 주시겠습니까?

B はい、こちらです。 여기 있습니다.

A ⓑチェックアウトの手続きが終わりました。 체크아웃 수속이 끝났습니다.

② A ⓐチケットを見せていただけますか。 티켓을 보여 주시겠습니까?

B はい、こちらです。 여기 있습니다.

A ⓑチケットの確認が終わりました。 티켓 확인이 끝났습니다.

③ A ⓐ<u>身分証明書を見せ</u>ていただけますか。신분증을 보여 주시겠습니까?

B　はい、こちらです。여기 있습니다.

A　ⓑ<u>書類のチェックが終わり</u>ました。서류 확인이 끝났습니다.

2.　[보기]

A　ⓐ<u>お支払い</u>はいかがなさいますか。지불은 어떻게 하시겠습니까?

B　うーん、ⓑ<u>カードで払い</u>ます。음, 카드로 지불하겠습니다.

① A　ⓐ<u>お支払い</u>はいかがなさいますか。지불은 어떻게 하시겠습니까?

B　うーん、ⓑ<u>現金で払い</u>ます。음, 현금으로 지불하겠습니다.

② A　ⓐ<u>交通便</u>はいかがなさいますか。교통편은 어떻게 하시겠습니까?

B　うーん、ⓑ<u>タクシーで行き</u>ます。음, 택시로 가겠습니다.

③ A　ⓐ<u>お飲み物</u>はいかがなさいますか。음료는 어떻게 하시겠습니까?

B　うーん、ⓑ<u>食事の後で飲み</u>ます。음, 식사 후에 마시겠습니다.

3.　[보기]

A　ⓐ<u>授業が終わっ</u>てから、ⓑ<u>バイトに行き</u>ます。

수업이 끝나고 나서 아르바이트를 하러 갑니다.

B　はい、分かりました。네, 알겠습니다.

① A　ⓐ<u>手続きが終わっ</u>てから、ⓑ<u>荷物を持っ</u>てきます。

수속이 끝나고 나서 짐을 가지고 올 겁니다.

B　はい、分かりました。네, 알겠습니다.

② A　ⓐ<u>資料をまとめ</u>てから、ⓑ<u>会議に入り</u>ます。

자료를 정리하고 나서 회의에 들어가겠습니다.

B　はい、分かりました。네, 알겠습니다.

③ A　ⓐ<u>スーパーに寄っ</u>てから、ⓑ<u>家に帰り</u>ます。

슈퍼마켓에 들렀다가 집에 갈 겁니다.

B　はい、分かりました。네, 알겠습니다.

Ⅰ. 음원을 듣고 다음 회화문을 완성해 보세요.

1. A　それでしたら、ホテルを1時に<u>ご出発になるのがよろしいかと存じます</u>。

그러시다면 호텔에서 1시에 출발하시면 될 것 같습니다.

B　そうですか。ありがとうございます。

그래요? 감사합니다.

2. A お客様、こちらが客室の価格でございます。お支払いの方法はいかがなさいますか。

고객님, 이것이 객실 가격입니다. 지불 방법은 어떻게 하시겠습니까?

B カードでお願いします。 카드로 부탁합니다.

3. A 料金は１泊２７万ウォンで、税金１０％とサービス料１０％が別途加算されます。

요금은 1박에 27만 원이고, 세금 10%와 서비스 요금 10%가 별도 가산됩니다.

B お会計は、現金でもいいですか。

계산은 현금으로 해도 되나요?

제8과

I. 보기와 같이 ⓐ와 ⓑ를 밑줄 친 곳에 알맞은 형태로 넣어 말해 보세요.

1. [보기]

A ⓐご滞在中、ご不便な点はございませんでしたか。

머무시는 동안 불편한 점은 없으셨나요?

B 最高でした。 최고였습니다.

A またの ⓑご利用をお待ちしております。

또 이용해 주실 것을 기다리고 있겠습니다.(또 이용해 주십시오.)

① A ⓐご旅行中、ご不便な点はございませんでしたか。

여행 중에 불편한 점은 없으셨나요?

B 最高でした。 최고였습니다.

A またの ⓑご訪問をお待ちしております。

또 방문해 주실 것을 기다리고 있겠습니다.(또 방문해 주십시오.)

② A ⓐご宿泊中、ご不便な点はございませんでしたか。

숙박 중에 불편한 점은 없으셨나요?

B 最高でした。 최고였습니다.

A またの ⓑお越しをお待ちしております。

또 와 주실 것을 기다리고 있겠습니다.(또 오십시오.)

③ A ⓐお買物中、ご不便な点はございませんでしたか。

쇼핑 중에 불편한 점은 없으셨나요?

B 最高でした。 최고였습니다.

A またの ⓑご購入をお待ちしております。

또 구입해 주실 것을 기다리고 있겠습니다.(또 구입해 주십시오.)

2. [보기]

　　A 　ⓐ<u>早く走って!! １分しか残ってないの。</u>　빨리 뛰어!! 1분밖에 안 남았어.

　　B 　危うく ⓑ<u>会議に遅れるところだった。</u>　하마터면 회의에 늦을 뻔했어.

①　A 　ⓐ<u>危ない!! 気をつけて。</u>　위험해!! 조심해.

　　　 B 　危うく ⓑ<u>交通事故にあうところだった。</u>　하마터면 교통사고가 날 뻔했어.

②　A 　ⓐ<u>あ!! 湯呑み。</u>　아!! 찻잔.

　　　 B 　危うく ⓑ<u>湯呑みが落ちるところだった。</u>　하마터면 찻잔이 떨어질 뻔했어.

③　A 　ⓐ<u>フェイクニュースだって。</u>　가짜 뉴스래.

　　　 B 　危うく ⓑ<u>騙されるところだった。</u>　하마터면 속을 뻔했어.

3. [보기]

　　A 　ⓐ<u>スーパーに行って必要なものを買おう。</u>

　　　　슈퍼마켓에 가서 필요한 것을 사야지.

　　B 　うん、ついでに ⓑ<u>韓国海苔と胡麻油も買ってこよう。</u>

　　　　응, 가는 김에 한국 김하고 참기름도 사 오자.

①　A 　ⓐ<u>デパートでマフラーを買おう。</u>　백화점에서 목도리를 사자.

　　　 B 　うん、ついでに ⓑ<u>先生へのプレゼントも準備しよう。</u>

　　　　응, 가는 김에 선생님 선물도 준비하자.

②　A 　ⓐ<u>恵に会いに行こう。</u>　메구미 만나러 가자.

　　　 B 　うん、ついでに ⓑ<u>映画も見よう。</u>

　　　　응, 가는 김에 영화도 보자.

③　A 　ⓐ<u>部屋の掃除をしよう。</u>　방 청소를 하자.

　　　 B 　うん、ついでに ⓑ<u>家の大掃除も一緒にしよう。</u>

　　　　응, 하는 김에 집 대청소도 같이 하자.

II. 음원을 듣고 다음 회화문을 완성해 보세요.

1. A 　この度は、私どものホテルをご利用いただき、誠にありがとうございました。
　　 <u>またのお越しをお待ちしております。</u>

　　　이번에 저희 호텔을 이용해 주셔서 정말 감사합니다. 또 와 주실 것을 기다리고 있겠습니다.

　 B 　ありがとう。じゃ、また。　고마워요. 그럼.

2. A 　ご滞在中、ご不便な点はございませんでしたか。

　　　호텔에 머무시는 동안 불편한 점은 없으셨습니까?

　 B 　はい、スタッフのおもてなしも最高で、ゆっくりくつろげました。

　　　네, 직원분들 서비스도 최고였고, 편히 쉬었습니다.

3. A お荷物をお持ち致しましょうか。

   짐을 들어 드릴까요?

   B 大丈夫です。そんなに重くないから、自分で運べます。

   괜찮습니다. 그렇게 무겁지 않아서 제가 옮길 수 있어요.

I. 보기와 같이 ⓐ와 ⓑ를 밑줄 친 곳에 알맞은 형태로 넣어 말해 보세요.

1. [보기]

   A この度は ⓐご迷惑をおかけしました。誠に申し訳ありませんでした。今後このようなことが ⓑ起きないよう、本人と責任者に伝えます。

   이번에 폐를 끼쳤습니다. 대단히 죄송합니다. 앞으로 이런 일이 일어나지 않도록 본인과 책임자에게 전달하겠습니다.

   B これくらいなんでもありません。이런 정도는 아무것도 아니에요.

   ① A この度は ⓐお手数をおかけしました。誠に申し訳ありませんでした。今後このようなことが ⓑ生じないよう、本人と責任者に伝えます。

   이번에 번거롭게 해 드렸습니다. 대단히 죄송합니다. 앞으로 이런 일이 생기지 않도록 본인과 책임자에게 전달하겠습니다.

   B これくらいなんでもありません。이런 정도는 아무것도 아니에요.

   ② A この度は ⓐご苦労をおかけしました。誠に申し訳ありませんでした。今後このようなことが ⓑ発生しないよう、本人と責任者に伝えます。

   이번에 수고를 끼쳐 드렸습니다. 대단히 죄송합니다. 앞으로 이런 일이 발생하지 않도록 본인과 책임자에게 전달하겠습니다.

   B これくらいなんでもありません。이런 정도는 아무것도 아니에요.

   ③ A この度は ⓐご面倒をおかけしました。誠に申し訳ありませんでした。今後このようなことが ⓑ起きないよう、本人と責任者に伝えます。

   이번에 귀찮게 해 드렸습니다. 대단히 죄송합니다. 앞으로 이런 일이 일어나지 않도록 본인과 책임자에게 전달하겠습니다.

   B これくらいなんでもありません。이런 정도는 아무것도 아니에요.

2. [보기]

   A ⓐカードを3回もやってみたんですが、だめです。

   카드를 세 번이나 해 봤지만 안 됩니다.

   B さようでございますか。ⓑ案内状をご覧いただけますか。

   그렇습니까? 안내장을 봐 주시겠습니까?

① A ⓐパスワードを5回も打ち込んだんですが、だめです。

비밀번호를 다섯 번이나 입력했지만 안 됩니다.

B さようでございますか。ⓑ説明書をご覧いただけますか。

그렇습니까? 설명서를 봐 주시겠습니까?

② A ⓐタッチパネルを何回も操作したんですが、だめです。

터치패널을 몇 번이나 조작해 봤지만 안 됩니다.

B さようでございますか。ⓑマイナスボタンをお押しいただけますか。

그렇습니까? 마이너스 버튼을 눌러 주시겠습니까?

③ A ⓐチャンネルを何度も回したんですが、だめです。

채널을 몇 번이나 돌렸지만 안 됩니다.

B さようでございますか。ⓑプラグをお差し込みいただけますか。

그렇습니까? 플러그를 꽂아 주시겠습니까?

3. [보기]

A 忙しくて ⓐミニバーを ⓑ使うどころではなかったです。

바빠서 미니바를 이용할 상황이 아니었어요.

B えっ。そうだったんですか。네? 그러셨어요?

① A 忙しくて ⓐゲームを ⓑしているどころではなかったです。

바빠서 게임을 하고 있을 상황이 아니었어요.

B えっ。そうだったんですか。네? 그러셨어요?

② A 忙しくて ⓐ音楽を ⓑ聞くどころではなかったです。

바빠서 음악을 들을 상황이 아니었어요.

B えっ。そうだったんですか。네? 그러셨어요?

③ A 忙しくて ⓐドラマを ⓑ見るどころではなかったです。

바빠서 드라마를 볼 상황이 아니었어요.

B えっ。そうだったんですか。네? 그러셨어요?

Ⅱ. 음원을 듣고 다음 회화문을 완성해 보세요.

1. A お客様宛に郵便物が届いていますので、お届けに上がります。

고객님 앞으로 우편물이 와 있어서 갖다드리러 가겠습니다.

B ありがとうございます。감사합니다.

2. A では、すぐに部屋を移れるように…、お願いします。

그럼 바로 방을 옮길 수 있도록…, 부탁드려요.

B かしこまりました。スタッフをそちらに向かわせます。

알겠습니다. 직원을 그쪽으로 보내겠습니다.

3. A もう一度確認してください。다시 한번 확인해 주세요.

   B 他の客室で使ったものが、お客様に請求されていたようです。
   間違いがありましたことを深くお詫び致します。

   다른 객실에서 사용한 것이 고객님께 청구된 모양입니다. 실수가 있었던 점 깊이 사과드립니다.

I. 보기와 같이 ⓐ와 ⓑ를 밑줄 친 곳에 알맞은 형태로 넣어 말해 보세요.

1. [보기]

    A ⓐ暖房をつけて３０分経ったのに、ⓑ暖かくなりません。

    난방을 켠 지 30분 지났는데 따뜻해지지 않아요.

    B 申し訳ございません。すぐ伺います。 죄송합니다. 바로 찾아뵙겠습니다.

    ① A ⓐクーラーをつけて３０分経ったのに、ⓑ涼しくなりません。

    에어컨을 켠 지 30분 지났는데 시원해지지 않아요.

    B 申し訳ございません。すぐ伺います。 죄송합니다. 바로 찾아뵙겠습니다.

    ② A ⓐアイロンをつけて３０分経ったのに、ⓑ熱くなりません。

    다리미를 켠 지 30분 지났는데 뜨거워지지 않아요.

    B 申し訳ございません。すぐ伺います。 죄송합니다. 바로 찾아뵙겠습니다.

    ③ A ⓐ電気をつけて３０分経ったのに、ⓑ明るくなりません。

    전기를 켠 지 30분 지났는데 밝아지지 않아요.

    B 申し訳ございません。すぐ伺います。 죄송합니다. 바로 찾아뵙겠습니다.

2. [보기]

    A ⓐ洗面台を ⓑ直しに参りました。 세면대를 고치러 왔습니다.

    B はい、どうぞ。 네, 들어오세요.

    ① A ⓐトイレットペーパーを ⓑ取り替えに参りました。 두루마리 휴지를 교체하러 왔습니다.

    B はい、どうぞ。 네, 들어오세요.

    ② A ⓐポットを ⓑ交換しに参りました。 포트를 교환하러 왔습니다.

    B はい、どうぞ。 네, 들어오세요.

    ③ A ⓐアイロンを ⓑお届けに参りました。 다리미를 갖다드리러 왔습니다.

    B はい、どうぞ。 네, 들어오세요.

3. **[보기]**

A ⓐお出かけの際、ⓑフロントにお知らせください。 외출하실 때 프런트에 알려 주십시오.

B はい、分かりました。 네, 알겠습니다.

① A ⓐお戻りの際、ⓑご連絡ください。 돌아오실 때 연락 주십시오.

　 B はい、分かりました。 네, 알겠습니다.

② A ⓐご購入の際、ⓑパスポートをお見せください。 구입하실 때 여권을 보여 주십시오.

　 B はい、分かりました。 네, 알겠습니다.

③ A ⓐご注文の際、ⓑクーポンをお見せください。 주문하실 때 쿠폰을 보여 주십시오.

　 B はい、分かりました。 네, 알겠습니다.

Ⅱ. 음원을 듣고 다음 회화문을 완성해 보세요.

1. A その間に修理が終わるといいんですが…。

　 그 동안 수리가 끝나면 좋겠는데….

　 B できるだけ早く修理致します。

　 가능한 한 빨리 수리하겠습니다.

2. A 明日の朝、私が出かけてから直してください。

　 내일 아침, 제가 외출하고 나서 고쳐 주세요.

　 B お出かけの際、フロントに声をかけていただければ、すぐに電球を交換致します。

　 외출하실 때 프런트에 알려 주시면 바로 전구를 교체하겠습니다.

3. A 休みたいんだけど、隣の部屋がうるさくて…。どうにかなりませんか。

　 쉬고 싶은데 옆방이 시끄러워서…. 어떻게 좀 안 될까요?

　 B ご迷惑をおかけして、申し訳ございません。

　 불편을 끼쳐 드려 죄송합니다.

제11과

. 보기와 같이 ⓐ와 ⓑ를 밑줄 친 곳에 알맞은 형태로 넣어 말해 보세요.

1. **[보기]**

A ⓐ部屋を掃除してもよろしいですか。 방을 청소해도 되겠습니까?

B はい、今ⓑ出かけるところでした。 네, 지금 외출하려던 참이에요.

① A ⓐ洗面台を修理してもよろしいですか。 세면대를 수리해도 되겠습니까?

　 B はい、今ⓑ映画館に行くところでした。 네, 지금 영화관에 가려던 참이에요.

② A ⓐ電球を交換してもよろしいですか。 전구를 교체해도 되겠습니까?

　 B はい、今ⓑ食事に行くところでした。 네, 지금 식사하러 가려던 참이에요.

③ A ⓐシーツを取り替えてもよろしいですか。 시트를 교체해도 되겠습니까?

　 B はい、今ⓑ買い物に行くところでした。 네, 지금 쇼핑하러 가려던 참이에요.

2. [보기]

　 A ⓐルームキーが見つからなくて、困っています。 룸 키가 안 보여서 곤란한 상황입니다.

　 B すぐ、ⓑ伺います。 바로 올라가겠습니다.

① A ⓐ冷房が利かなくて、困っています。 냉방이 안 돼서 곤란한 상황입니다.

　 B すぐ、ⓑ参ります。 바로 올라가겠습니다.

② A ⓐテレビが映らなくて、困っています。 TV가 안 나와서 곤란한 상황입니다.

　 B すぐ、ⓑ参ります。 바로 올라가겠습니다.

③ A ⓐリモコンが見つからなくて、困っています。 리모컨이 안 보여서 곤란한 상황입니다.

　 B すぐ、ⓑ伺います。 바로 올라가겠습니다.

3. [보기]

　 A ⓐメガネを取りに来られますか。どうなさいますか。

　　 안경을 가지러 오시겠습니까, 어떻게 하시겠습니까?

　 B ⓑ宅配で送ってもらえますか。 택배로 보내 주실 수 있나요?

① A ⓐ書類を取りに来られますか。どうなさいますか。

　　 서류를 가지러 오시겠습니까, 어떻게 하시겠습니까?

　 B ⓑ書留で送ってもらえますか。 등기로 보내 주실 수 있나요?

② A ⓐおさいふを取りに来られますか。どうなさいますか。

　　 지갑을 가지러 오시겠습니까, 어떻게 하시겠습니까?

　 B ⓑEMSで送ってもらえますか。 EMS로 보내 주실 수 있나요?

③ A ⓐイベントのチケットを取りに来られますか。どうなさいますか。

　　 이벤트 티켓을 가지러 오시겠습니까, 어떻게 하시겠습니까?

　 B ⓑ郵便で送ってもらえますか。 우편으로 보내 주실 수 있나요?

II. 음원을 듣고 다음 회화문을 완성해 보세요.

1. A 忘れ物センターです。何をお探しですか。

　　 분실물센터입니다. 무엇을 찾으십니까?

　 B 部屋にメガネを忘れたようなんですが、お掃除の時、ありませんでしたか。

　　 방에 안경을 두고 온 것 같은데요, 청소하실 때 없었습니까?

2. A ご飯だけ食べてすぐに戻ってくる予定です。

밥만 먹고 바로 돌아올 예정입니다.

B お客様がお戻りになるまでには、きれいに掃除しておきます。

고객님께서 돌아오실 때까지는 깨끗이 청소해 두겠습니다.

3. A 即日仕上げ料金として、５０％割り増しになりますが、よろしいでしょうか。

당일 공정 요금으로 50% 추가 요금이 있습니다만, 괜찮으십니까?

B 仕方がないですね。明日着なければならないので、お願いします。

어쩔 수 없네요. 내일 입어야 하니까 부탁합니다.

第12과

I. 보기와 같이 ⓐ～ⓓ를 밑줄 친 곳에 알맞은 형태로 넣어 말해 보세요.

1. [보기]

A ⓐ今年こそ ⓑ梨泰院に行ってみないと。 올해야말로 이태원에 가 봐야지.

B そうだね。ⓒ去年は ⓓ時間がなかったからね。 그래. 작년에는 시간이 없었으니까.

① A ⓐ今日こそ ⓑ彼女に会わないと。 오늘이야말로 그녀를 만나야지.

B そうだね。ⓒ昨日は ⓓ暇がなかったからね。 그래. 어제는 짬이 없었으니까.

② A ⓐ今度こそ ⓑこのホテルに泊まってみないと。 이번에야말로 이 호텔에 묵어 봐야지.

B そうだね。ⓒ先月は ⓓ満室だったからね。 그래. 지난달은 만실이었으니까.

③ A ⓐ冬休みこそ ⓑヨーロッパに行ってみないと。 겨울 방학에야말로 유럽에 가 봐야지.

B そうだね。ⓒ夏休みは ⓓ蒸し暑かったからね。 그래. 여름 방학에는 무더웠으니까.

2. [보기]

A 明日の ⓐツアーにお申し込みされますか。 내일 있을 투어에 신청하시겠습니까?

B はい。 네.

A ⓑツアーバスは ⓒ２０分ごとに出ています。 투어 버스는 20분마다 출발합니다.

① A 明日の ⓐ宴会にお申し込みされますか。 내일 있을 연회에 신청하시겠습니까?

B はい。 네.

A ⓑミニバスは ⓒ１５分ごとに出ています。 미니버스는 5분마다 출발합니다.

② A 明日のⓐコンサートにお申し込みされますか。 내일 있을 콘서트에 신청하시겠습니까?

B はい。 네.

A ⓑシャトルバスは ⓒ５分ごとに出ています。 셔틀버스는 5분마다 출발합니다.

③ A 明日の ⓐイベントにお申し込みされますか。 내일 있을 이벤트에 신청하시겠습니까?

　　B はい。 네.

　　A ⓑ観光バスは ⓒ３０分ごとに出ています。 관광버스는 30분마다 출발합니다.

3. [보기]

　　A ⓐどちらまで行かれますか。 어디까지 가십니까?

　　B ⓑKTXに乗って、ⓒ光明を経て ⓓ全州まで行きます。

　　KTX를 타고 광명을 거쳐 전주까지 갑니다.

① A ⓐどの国まで行かれますか。 어느 나라까지 가십니까?

　　B ⓑ飛行機に乗って、ⓒ日本を経て ⓓ メキシコまで行きます。

　　비행기를 타고 일본을 거쳐 멕시코까지 갑니다.

② A ⓐどの地方まで行かれますか。 어느 지방까지 가십니까?

　　B ⓑ列車に乗って、ⓒ忠清道を経て、ⓓ全羅道まで行きます。

　　열차를 타고 충청도를 거쳐 전라도까지 갑니다.

③ A ⓐどちらまで行かれますか。 어디까지 가십니까?

　　B ⓑ高速バスに乗って、ⓒ東の江陵を経て ⓓ 南の浦項まで行きます。

　　고속버스를 타고 동쪽 강릉을 거쳐 남쪽 포항까지 갑니다.

Ⅱ. 음원을 듣고 다음 회화문을 완성해 보세요.

1. A シャトルバスはホテルの入口でお乗りください。

　　셔틀버스는 호텔 입구에서 타시기 바랍니다.

　　B 帰ってくる時はどこで乗ればいいですか。

　　돌아올 때는 어디에서 타면 됩니까?

2. A 地下鉄の駅はどこにありますか。 지하철역은 어디에 있습니까?

　　B 横断歩道を渡った後、右に少し歩くと、地下鉄の駅が見えてきます。

　　횡단보도를 건넌 다음 오른쪽으로 조금 걸어가면 지하철역이 보입니다.

3. A どちらまで行かれますか。 어디까지 가십니까?

　　B まず、ソウル駅で列車に乗って、大田を経て堤川に行こうと思います。

　　우선 서울역에서 열차를 타고 대전을 거쳐 제천에 가려고 합니다.

III. 숫자 및 조수사

1. 숫자

1	いち	10	じゅう	100	ひゃく	1000	せん
2	に	20	にじゅう	200	にひゃく	2000	にせん
3	さん	30	さんじゅう	300	さんびゃく	3000	さんぜん
4	よん / し	40	よんじゅう	400	よんひゃく	4000	よんせん
5	ご	50	ごじゅう	500	ごひゃく	5000	ごせん
6	ろく	60	ろくじゅう	600	ろっぴゃく	6000	ろくせん
7	なな / しち	70	ななじゅう	700	ななひゃく	7000	ななせん
8	はち	80	はちじゅう	800	はっぴゃく	8000	はっせん
9	きゅう / く	90	きゅうじゅう	900	きゅうひゃく	9000	きゅうせん
10	じゅう	100	ひゃく	1000	せん	10000	いちまん

2. 시간과 날짜

① 시간, 월, 개월

수	시 (〜時)	분 (〜分)	월 (〜月)	개월 (〜カ月)
1	いちじ	いっぷん	いちがつ	いっかげつ
2	にじ	にふん	にがつ	にかげつ
3	さんじ	さんぷん	さんがつ	さんかげつ
4	よじ	よんぷん	しがつ	よんかげつ
5	ごじ	ごふん	ごがつ	ごかげつ
6	ろくじ	ろっぷん	ろくがつ	ろっかげつ
7	しちじ	ななふん	しちがつ	ななかげつ
8	はちじ	はっぷん	はちがつ	はっかげつ / はちかげつ
9	くじ	きゅうふん	くがつ	きゅうかげつ
10	じゅうじ	じゅっぷん	じゅうがつ	じゅっかげつ
11	じゅういちじ	じゅういっぷん	じゅういちがつ	じゅういっかげつ
12	じゅうにじ	じゅうにふん	じゅうにがつ	じゅうにかげつ
몇	なんじ	なんぷん	なんがつ	なんかげつ

② 요일

日曜日	月曜日	火曜日	水曜日	木曜日	金曜日	土曜日
にちようび	げつようび	かようび	すいようび	もくようび	きんようび	どようび

※ '무슨 요일'은 「何曜日」라고 한다.

③ 날짜

1日	2日	3日	4日	5日	6日	7日
ついたち	ふつか	みっか	よっか	いつか	むいか	なのか
8日	9日	10日	11日	12日	13日	14日
ようか	ここのか	とおか	じゅういちにち	じゅうににち	じゅうさんにち	じゅうよっか
15日	16日	17日	18日	19日	20日	21日
じゅうごにち	じゅうろくにち	じゅうしちにち	じゅうはちにち	じゅうくにち	はつか	にじゅういちにち
22日	23日	24日	25日	26日	27日	28日
にじゅうににち	にじゅうさんにち	にじゅうよっか	にじゅうごにち	にじゅうろくにち	にじゅうしちにち	にじゅうはちにち
29日	30日	31日				
にじゅうくにち	さんじゅうにち	さんじゅういちにち				

※ '며칠'은 「何日」라고 한다.

④ 그 밖의 때를 나타내는 말

一昨々日 그끄저께	一昨日 그저께	昨日 어제	今日 오늘	明日 내일	明後日 모레	明明後日 글피
さきおととい	おととい	きのう/さくじつ	きょう/こんにち	あす/あした	あさって	しあさって

先々月 지지난달	先月 지난달	今月 이번 달	来月 다음달	再来月 다다음달
せんせんげつ	せんげつ	こんげつ	らいげつ	さらいげつ

一昨年 재작년	昨年・去年 작년	今年 올해	来年 내년	再来年 내후년
おととし	さくねん・きょねん	ことし	らいねん	さらいねん

3. 조수사

수	고유 수사	사물 (~個)	가늘고 긴 물건 (~本)	서적 (~冊)	점수, 사물 (~点)
1	ひとつ	いっこ	いっぽん	いっさつ	いってん
2	ふたつ	にこ	にほん	にさつ	にてん
3	みっつ	さんこ	さんぼん	さんさつ	さんてん
4	よっつ	よんこ	よんほん	よんさつ	よんてん
5	いつつ	ごこ	ごほん	ごさつ	ごてん
6	むっつ	ろっこ	ろっぽん	ろくさつ	ろくてん
7	ななつ	ななこ	ななほん	ななさつ	ななてん
8	やっつ	はっこ	はっぽん	はっさつ	はってん
9	ここのつ	きゅうこ	きゅうほん	きゅうさつ	きゅうてん
10	とお	じゅっこ	じゅっぽん	じゅっさつ	じゅってん
몇	いくつ	なんこ	なんぼん	なんさつ	なんてん

수	사람 (~人)	사람 (~名)	얇은 물건 (~枚)	기계, 자동차 (~台)
1	ひとり	いちめい	いちまい	いちだい
2	ふたり	にめい	にまい	にだい
3	さんにん	さんめい	さんまい	さんだい
4	よにん	よんめい	よんまい	よんだい
5	ごにん	ごめい	ごまい	ごだい
6	ろくにん	ろくめい	ろくまい	ろくだい
7	ななにん / しちにん	ななめい / しちめい	ななまい	ななだい
8	はちにん	はちめい	はちまい	はちだい
9	きゅうにん	きゅうめい	きゅうまい	きゅうだい
10	じゅうにん	じゅうめい	じゅうまい	じゅうだい
몇	なんにん	なんめい	なんまい	なんだい

수	건물의 층수 (~階)	횟수 (~回)	집 (~軒)	동물 (~匹)
1	いっかい	いっかい	いっけん	いっぴき
2	にかい	にかい	にけん	にひき
3	さんがい	さんかい	さんげん	さんびき
4	よんかい	よんかい	よんけん	よんひき
5	ごかい	ごかい	ごけん	ごひき
6	ろっかい	ろっかい	ろっけん	ろっぴき
7	ななかい	ななかい	ななけん	ななひき
8	はちかい / はっかい	はちかい / はっかい	はちけん	はちひき / はっぴき
9	きゅうかい	きゅうかい	きゅうけん	きゅうひき
10	じゅっかい	じゅっかい	じゅっけん	じゅっぴき
몇	なんがい	なんかい	なんげん	なんびき

수	상자 (~箱)	접시 (~皿)	잔 (~杯)	양말, 구두 (~足)	옷 (~着)
1	ひとはこ	ひとさら	いっぱい	いっそく	いっちゃく
2	ふたはこ	ふたさら	にはい	にそく	にちゃく
3	さんばこ	さんさら	さんばい	さんぞく	さんちゃく
4	よんはこ	よんさら	よんはい	よんそく	よんちゃく
5	ごはこ	ごさら	ごはい	ごそく	ごちゃく
6	ろくはこ	ろくさら	ろっぱい	ろくそく	ろくちゃく
7	ななはこ	ななさら	ななはい	ななそく	ななちゃく
8	はちはこ	はちさら	はっぱい	はっそく	はっちゃく
9	きゅうはこ	きゅうさら	きゅうはい	きゅうそく	きゅうちゃく
10	じゅっぱこ	じゅっさら	じゅっぱい	じゅっそく	じゅっちゃく
몇	なんばこ	なんさら	なんばい	なんそく	なんちゃく

IV. 경어

경어에는 **존경어**, **겸양어**, **공손어**가 있다. **존경어**는 화자나 청자가 화제의 인물을 높여 말함으로써 경의를 표하는 말로, 「お〜になる」「〜(ら)れる」 등이 있다. **겸양어**는 자신을 낮추어 상대방에게 경의를 표하는 말로, 「お〜する」「お〜いたす」 등이 있다. **공손어**는 화자가 정중하게 말하는 것으로 「〜です」「〜ます」「ございます」 등이 있다. 그 밖에도 단어 자체가 존경의 뜻을 가진 단어와 겸양의 뜻을 가진 단어가 있다.

[존경동사와 겸양동사]

	존경동사	겸양동사
言う 말하다	おっしゃる	申す, 申し上げる
行く 가다	いらっしゃる, おいでになる	参る, 上がる, 伺う
来る 오다	いらっしゃる, おいでになる, お越しになる	参る, 上がる, 伺う
いる 있다	いらっしゃる, おいでになる	おる
する 하다	なさる	致す
食べる 먹다	召し上がる	いただく
飲む 마시다	召し上がる	いただく
くれる 주다	くださる	
あげる 주다		さしあげる
尋ねる 방문하다		上がる, 伺う
もらう 받다		いただく, ちょうだいする
聞く 듣다		拝見する
思う 생각하다	ご存じだ	存ずる
知っている 알고 있다	ご存じだ	存ずる
見る 보다	ご覧になる	拝見する
会う 만나다		お目にかかる
寝る 자다	お休みになる	
分かる 알다, 이해하다		承知する, かしこまる

🏠 V. 공공기관 및 교육기관 명칭

1. 공공기관 및 기타 명칭

警察署 けいさつしょ 경찰서	交番 こうばん 파출소	郵便局 ゆうびんきょく 우체국	消防署 しょうぼうしょ 소방서
市役所 / 市庁 しやくしょ / しちょう 시청	区役所 / 区庁 くやくしょ / くちょう 구청	放送局 ほうそうきょく 방송국	貿易センター ぼうえき 무역센터
国会 こっかい 국회	大使館 たいしかん 대사관	領事館 りょうじかん 영사관	政府庁舎 せいふちょうしゃ 정부청사
美術館 びじゅつかん 미술관	博物館 はくぶつかん 박물관	展示館 てんじかん 전시관	動物園 どうぶつえん 동물원
図書館 としょかん 도서관	世宗文化会館 セジョンぶんかかいかん 세종문화회관	芸術の殿堂 げいじゅつ でんどう 예술의 전당	観光案内所 かんこうあんないじょ 관광안내소
地下鉄駅 ちかてつえき 지하철역	汽車駅 きしゃえき 기차역	バスターミナル 버스 터미널	高速バスターミナル こうそく 고속버스 터미널
タクシー乗り場 のりば 택시 타는 곳	バス停 てい 버스정류장	劇場 げきじょう 극장	映画館 えいがかん 영화관
国際電子商店街 こくさいでんししょうてんがい 국제전자상가	電子ランド でんし 전자랜드	ショッピングモール 쇼핑몰	デパート 백화점
アウトレット 아웃렛	マート 마트	スーパー 슈퍼마켓	商店街 しょうてんがい 상가, 상점가

2. 교육기관 명칭

幼稚園 ようちえん 유치원	小学校 しょうがっこう 초등학교	中学校 ちゅうがっこう 중학교	高等学校 / 高校 こうとうがっこう / こうこう 고등학교
短期大学 たんきだいがく 전문대학교	大学校 だいがっこう 대학교	大学院 だいがくいん 대학원	塾 じゅく 학원

Ⅵ. 호텔의 구성 및 용품

1. 부서명

料飲部 식음료부 (F&B)	客室部 객실부	宿泊部 숙박부	総務部 총무부
営業部 영업부	調理部 조리부	人事部 인사부	経理部 재경부 (구 경리부)
施設部 시설부	管理部 관리부	企画部 기획부	広報部 홍보부

2. 호텔 내부의 구성원

ホテリエ 호텔리어	総支配人 총지배인	副支配人 부지배인	秘書 비서
オペレーター 오퍼레이터	レセプショニスト 리셉셔니스트	コンシェルジュ 컨시어지	ポーター 포터
ドアマン 도어맨	シェフ 셰프	ソムリエ 소믈리에	ウエイター 웨이터

3. 시설 명칭

入口 입구	本館 본관	別館 별관	エスカレーター 에스컬레이터	エレベーター 엘리베이터
客室 객실	ベビールーム 베이비 룸	エステサロン 에스테 숍	ネイルサロン 네일 숍	サウナ 사우나
ジム 체육관	ラウンジバー 라운지 바	ギフトショップ 기프트 숍	屋外プール 실외 수영장	室内プール 실내 수영장
ジャグジー 자쿠지	大浴場 목욕탕	コインランドリー 빨래방	美容院 미용실	コンビニ 편의점
温泉 온천	パン屋 빵집	レストラン 레스토랑	カフェ 카페	非常口 비상구

庭園 정원	ビジネスルーム 비즈니스 룸	ビジネスセンター 비즈니스 센터	宴会場 연회장(중, 소)	大宴会場 대연회장
会議室 회의실(중, 소)	大会議場 대회의장	外貨両替所 외화환전소	喫煙所 흡연 구역	駐車場 주차장
製氷機 제빙기	自動販売機 자동판매기	消火器 소화기		

4. 객실 용품

シャンプー 샴푸	リンス 린스	シャワージェル 샤워 젤	ボディローション 보디로션
石鹸 비누	クレンジング 클렌징	化粧水 스킨 (화장수)	乳液 로션
シャワーキャップ 샤워 캡	ディスポーザル・バッグ 위생 봉투	コットンパッド 화장 솜	櫛 빗
エメリーボード 손톱 다듬는 줄	ソーイングセット 바느질 도구	綿棒 면봉	コーヒー 커피
ミルク 프림 (커피 프림)	砂糖 / シュガー 설탕	靴べら 구둣주걱	ハンガー 옷걸이

5. 문구류

ペン 펜	鉛筆 연필	封筒 편지봉투	便箋 편지지
はがき 우편엽서	ホテルアンケート 고객 의견서 (호텔 앙케트)	メモホルダー 메모홀더	

6. 베드 린넨과 타월

特大サイズのバスタオル 특대 사이즈 목욕 타월	フェイスタオル 페이스 타월	ハンドタオル 핸드 타월	浴室用マット 욕실용 매트
キングサイズデュベカバー 킹 사이즈 듀베 커버	ツインサイズデュベカバー 트윈 사이즈 듀베 커버	枕カバー 베개 커버	